みるみるわかる!

不動産登記法

FUDOUSANTOUKIHOU

Wセミナー専任講師
山本浩司

早稲田経営出版
TAC PUBLISHING Group

まえがき

本書は、司法書士試験の記述式の受験対策を目的としています。

不動産登記法の記述式には、おおきく言って２つのポイントがあります。

それは、「人の死亡等の事件」と「根抵当権の確定等の問題」です。

この２つのポイントを個別に、またはその双方を同時に出題するのが、不動産登記の記述式においてもっとも可能性の高い出題方式です。

なぜ、この２つのポイントが出題の主力となるのかという点については、本書の中で順次述べていくことにしますが、大雑把に言えば、「事件」に関する出題形式は、「どういう登記事項が発生するか」という点を受験生に考えさせることが可能だからであるし、「根抵当権」に関する出題は、根抵当権は「確定」の前後でカオをかえるという点の理解を問うことができるからです。

つまり、上記の２つのポイントは、いずれも登記法に独自の手続的な問題のほかに、民法の理解を問うことができるという点で、試験委員のお気に入りの地位を占めていると考えることができます。

本書で学習することによって、不動産登記法の記述式試験において合格に必要な基礎力を十分に育むことができます。

なお、本書の記述は、不動産登記法における申請情報の提供の仕方（昔の表現で言えば申請書の書き方）や添付情報のつけ方などの基本的な知識は、すでに読者のみなさんにはある程度は備わっていることを前提に書き進めていきます。

平成22年５月

山本浩司

第11版はしがき

このたび、相続登記の義務化および単独申請の範囲の拡大などの法改正を反映させ、加えて全体の記述を見直し、設例の年度を更新して、第11版を刊行することとなりました。

本書は、気軽に読めて、かつ、奥が深い書物です。

初心者から、中上級者までまんべんなく学習できると思います。

令和５年12月

山本浩司

目　次

不動産登記法

序章

不動産登記の基本

第1節 権利に関する登記

司法書士試験の記述式の問題では、不動産登記の申請情報とその添付情報の内容を解答することが求められます。

そこで、本書の冒頭で、不動産登記（権利に関する登記　以下同）の基本をお話します。

1．申請情報の内容

不動産登記は、原則として、当事者の申請によって行います。

この場合に、申請人が提供しなければならないのが「申請情報」です。

不動産登記法はオンライン申請を本則としているため「申請情報」という言い方になるのですが、申請情報とは、書面で申請するときの「申請書の記載事項」のことだと思えば話は簡単です。

基本として、申請情報の内容が、そのまま登記簿に記録されます。

だから、登記簿の「下書き」が申請情報の内容になると考えればよろしいのです。以下、２つの例を示します。

(1) 所有権移転登記の例

売主　住所　甲野太郎　（甲）
買主　住所　乙野次郎　（乙）

不動産の表示（省略）

令和６年10月１日、甲と乙は本件不動産の売買契約をした。
これにより、同日、甲から乙に本件不動産の所有権が移転した。

登記申請日　令和６年10月１日

本事例では、申請情報の内容（根幹部分）は、次のようになります。

登記の目的　所有権移転
原　因　令和６年10月１日売買
権利者　住所　乙野次郎
義務者　住所　甲野太郎

以上です。甲乙間の物権変動を要領よくまとめただけの話ですね。

この申請により、登記簿には、次の記録がなされます。

甲区

順位番号	登記の目的	受付年月日・受付番号	権利者その他の事項
2	所有権移転	令和６年10月１日 第○号	**原因　令和６年10月１日売買** **所有者　住所　乙野次郎**

上記の太字の部分が、申請情報の内容となっていましたね。

その「申請」に基づいて、上記の登記がされたわけです。

(2) 抵当権設定登記の例

抵当権者　住所　株式会社甲銀行　（甲）
設定者　　住所　乙野次郎　（乙）

不動産の表示（省略）

甲と乙は、下記債権を担保するため乙所有の本件不動産に、令和６年10月１日抵当権を設定した。

原　因　令和６年10月１日金銭消費貸借
債権額　金3000万円
利　息　年2.5%（年365日日割計算）
損害金　年14%（年365日日割計算）
債務者　住所　乙野次郎

登記申請日　令和６年10月１日

本事例では、申請情報の内容（根幹部分）は、次のようになります。

登記の目的　抵当権設定
原　因　　令和６年10月１日金銭消費貸借同日設定
債権額　　金3000万円
利　息　　年2.5%（年365日日割計算）
損害金　　年14%（年365日日割計算）
債務者　　住所　乙野次郎
抵当権者　住所　株式会社甲銀行　代表取締役何某
設定者　　住所　乙野次郎

以上です。こちらも、甲乙間の抵当権設定契約の内容を要領よくまとめただけの話ですね。

この申請により、登記簿には、次の記録がなされます。

乙区

順位番号	登記の目的	受付年月日・受付番号	権利者その他の事項
1	抵当権設定	令和6年10月1日 第何号	**原因　令和6年10月1日金銭消費貸借同日設定** **債権額　金3000万円** **利息　年2.5%（年365日日割計算）** **損害金　年14%（年365日日割計算）** **債務者　住所　乙野次郎** **抵当権者　住所　株式会社甲銀行**

上記の太字の部分が、申請情報の内容となっていましたね。

その「申請」に基づいて、上記の登記がされました。

2．共同申請主義

(1) 共同申請主義の原則

不動産登記の申請は、原則として、登記権利者と登記義務者が共同してしなければなりません。（不動産登記法60条）

これを、**共同申請主義**といいます。

このことを司法書士（登記申請代理人）の立場からみると、司法書士は、登記権利者と登記義務者の双方から委任状をもらわないと仕事ができないということになります。

登記の目的	所有権移転
原　因	令和６年10月１日売買
権利者	住所　乙野次郎
義務者	住所　甲野太郎

たとえば、司法書士が上記の申請を代理するには、甲野太郎と乙野次郎の双方から委任状の交付を受けることが必要となります。

なお、登記の種類によっては、登記権利者と登記義務者の区別のない共同申請をすることもあります（俗に「合同申請」という）。

抵当権の順位の変更の登記がその典型例です。

登記の目的	１番２番順位変更
原　因	令和６年10月１日合意
変更後の順位	第１　２番抵当権
	第２　１番抵当権
申請人	住所　株式会社甲銀行
	住所　株式会社乙銀行

登記の申請手続を考えるときは、登記権利者と登記義務者の区別のない共同申請では、申請人の全員に登記権利者と登記義務者双方のカオがあると考えるとわかりやすいです。

たとえば、上記の申請では、申請人の双方が抵当権を取得したときの登記識別情報を提供しなければなりません。

(2) 例外としての単独申請

不動産登記は共同申請が原則ですが、「法令に別段の定めがあるとき」は**単独申請**をすることができます。

以下、その一例を示します。

①　所有権保存登記

たとえば、建物を新築したときに所有者となった者が申請する登記です。

前主がいないので単独申請をすることになります。（不動産登記法74条）

以下は、法74条１項１号前段による登記申請の例です。

登記の目的	所有権保存
所有者	住所　甲野太郎

上記では、甲野太郎が新築建物の所有者です。

②　登記名義人の氏名等の変更・更正の登記

登記名義人の住所や氏名が変更されたときに申請する登記です。

住所や氏名が変更された本人が単独で申請します。（不動産登記法64条１項）

以下は、所有者（甲野太郎）の住所の変更の例です。

登記の目的	所有権登記名義人住所変更
原　因	令和６年10月１日住所移転
変更後の事項	住所　何市何町何番地
申請人	住所　甲野太郎

③　相続による権利の移転登記

登記名義人が死亡したときに申請する登記です。

相続人が単独で申請します。（不動産登記法63条２項）

以下は、所有者甲野太郎が死亡し、甲野一郎が相続した場合の申請です。

登記の目的	所有権移転
原　因	令和６年10月１日相続
申請人	（被相続人甲野太郎）住所　甲野一郎

④　判決による登記

元来は共同申請をすべき登記において、申請人の一方が他方に登記手続を命じる確定判決を得て単独で登記を申請するケースです。（不動産登記法63条１項）

以下、乙野次郎が甲野太郎に対して「令和６年10月１日売買による所有権移転登記手続をせよ」という確定判決を得た場合の申請例です。

登記の目的	所有権移転
原　因	令和６年10月１日売買
権利者	（申請人）住所　乙野次郎
義務者	住所　甲野太郎

上記では、申請情報の内容として「（申請人）」と提供して、乙野次郎だけが申請人となることを表現しています。

３．添付情報

「**添付情報**」とは、登記の申請情報と併せて提供すべき情報のことです。

書面の世界の話として、わかりやすく表現すれば、申請書のほかにも登記所に提出すべき書面があり、その書面のことを添付情報というのです。

登記の申請をすべき場合に提供すべき添付情報の内容は、不動産登記令別表に詳しいのですが、ここでは、基本的な添付情報について解説します。

(1) 登記識別情報

登記の申請をするときは、登記義務者（俗にいう合同申請の申請人を含む。本章において以下同じ）は、原則として、**登記識別情報**を提供しなければなりません。

逆にいえば、単独申請をするときは、添付情報として登記識別情報を提供する必要はありません。

まずは、以上が基本ですのでしっかり勉強しておきましょう。

さて、登記識別情報というのは、12桁の暗号のことです。
以下のようなものです。

登記識別情報通知

次の登記の登記識別情報について、下記のとおり通知します。

【不動産】
大阪市中央区上町一丁目４番８の土地

【不動産番号】
１２０００００９９５９５
【受付年月日・受付番号（又は順位番号）】
平成２７年１月１５日受付　第７３号
【登記の目的】
所有権移転
【登記名義人】
大阪市中央区上町一丁目１００番地
法務花子

（以下余白）

見本

＊下線のあるものは抹消事項であることを示す。

平成２７年１月１６日
大阪法務局
登記官　　大阪登記官一郎

みほん
電子公印

記
登記識別情報

4	4	A	T	3	W	P	3	7	X	C	N

上記の登記識別情報は、以下の登記が完了したときに、登記所から甲野太郎に通知されています。

甲区

順位番号	登記の目的	受付年月日・受付番号	権利者その他の事項
1	所有権保存	令和６年７月１日 第2191号	所有者　何市何町何番地何 甲野太郎

さて、この12桁の暗号は、甲野太郎の「本人確認」の証拠となります。

すなわち、前記の登記が完了したときに、管轄登記所が甲野太郎本人に通知した「**秘密の暗号**」が登記識別情報ですから、それを提供することができるのは甲野太郎だけだと判断できるわけです。

そこで、以下の登記を申請するときに、甲野太郎は登記識別情報を提供しなければならないわけです。

登記の目的　所有権移転
原　因　　令和６年10月１日売買
権利者　　住所　乙野次郎
義務者　　住所　甲野太郎
添付情報　　登記識別情報
（以下略）

この登記が完了すると登記簿は、以下の記録となります。

そして、今度は、登記所は、乙野次郎に登記識別情報を通知することになります。

順位番号	登記の目的	受付年月日・受付番号	権利者その他の事項
1	所有権保存	令和６年７月１日 第2191号	所有者　何市何町何番地何 甲野太郎
2	所有権移転	令和６年10月１日 第何号	原因　令和６年10月１日売買 所有者　住所　乙野次郎

参考○単独申請と登記識別情報

登記識別情報は、共同申請による登記を申請する場合に必要となり、単独申請の場合は、その提供を要しないことが原則です。

しかし、次のようなきわめて特殊な例外があります。

以下、単独申請の場合に、登記識別情報の提供を要する例です。

1．所有権保存登記の抹消

2．仮登記名義人が仮登記を単独で抹消する場合

3．自己信託の登記をする場合

(2) 登記原因証明情報

登記原因証明情報は、登記の申請をするときは、原則として、必ず提供することを要します。

共同申請・単独申請を問わず、いずれの場合も提供を要します。

その例外の範囲はきわめて狭く、法令上は、所有権保存登記（敷地権付区分建物の法74条２項保存を除く）と仮処分による失効を原因とする登記、契約の日から10年を経過した買戻特約の単独抹消の登記だけが、登記原因証明情報の提供を要しない場合として規定されています（不動産登記令７条３項参照　なお、この他にも、解釈上、登記原因証明情報の提供を要しないケースがわずかに存在する）。

登記原因証明情報は、「登記原因を証明」できるものであれば、その形式は問いません。

たとえば、甲乙間の売買による所有権移転登記の例であれば、「売買契約書」でもよいし、登記所に提供するために登記所差し入れ方式の書面（または、電磁的記録）を作成してもかまいません。

以下は、登記所差し入れ方式の登記原因証明情報の例です。

登記原因証明情報

1　登記申請情報の要項
(1)　登記の目的　所有権移転
(2)　登記の原因　令和6年10月30日売買
(3)　当　事　者　権利者　何市何町何番地何　乙野次郎
　　　　　　　　義務者　何市何町何番地何　甲野太郎
(4)　不動産の表示
所在　　　甲市乙町一丁目1番地1
家屋番号　1番1
種類　　　居宅
構造　　　木造スレートぶき2階建
床面積　　1階　80.05㎡
　　　　　2階　75.15㎡
2　登記の原因となる事実または法律行為
(1)　売買契約の締結
売主甲野太郎は、買主乙野次郎に対し、令和6年10月30日、本件不動産を売った。
(2)　所有権の移転
よって、本件不動産の所有権は、同日、甲野太郎から乙野次郎に移転した。
令和6年10月31日　　何法務局　何支局（出張所）　御中
上記の登記原因のとおり相違ありません。
義務者　住所　何市何町何番地何　甲野太郎　㊞

上記は、2(1)で、民法555条の売買契約の存在を証明し、これにより2(2)で、民法176条を根拠に所有権が移転したことを示している。

つまり、この場合の登記原因証明情報とは、民法が規定する目に見えない権利の移転の法律要件たる事実の存在を、登記義務者から証明するところにその本質がある。

なお、登記原因証明情報については、共同申請と単独申請で基本的な考え方が相違します。

細かいことは抜きにして、以下に、その基本を書きます。

①　共同申請の場合

原則として、登記原因証明情報は、「私文書」でかまいません。

そこに、登記義務者の記名押印（または、電子署名）があればオッケーです。

ハンコも「認め」でよいので、実に形式的な書面だともいえるでしょう。

共同申請の場合、登記の真正は、登記義務者が登記識別情報を提供することにより担保することができるので、その分、登記原因証明情報の重要性が低下していると考えればよろしいです。

②　単独申請の場合

原則として、登記原因証明情報は、「公文書」（正確には公務員が職務上作成した情報　以下同じ）でなければなりません。

たとえば、「相続」による権利の移転登記を申請するときは、戸籍などの公文書で被相続人の相続関係全般の証明をすることを要します。（不動産登記令別表22）

単独申請の場合、不動産登記法は、**登記原因証明情報によって登記の真正を担保**するという考え方をとるので、より信頼性の高い文書として「公文書」の提供を要するわけです。

ほかに例をあげれば、登記名義人の住所や氏名の変更（更正）の登記では「住民票の写し」「戸籍全部事項証明書」など、判決による登記では「判決書正本（確定証明書）」などの公文書の提供を要します。

なお、単独申請の場合でも、相続の場合の遺産分割協議書など、私文書が登記原因証明情報の一部となることはありえます。

(3) 印鑑証明書

司法書士による代理申請の場合で説明しますと、司法書士が提供を受ける申請人（または、その代表者、法定代理人等）からの委任状に「実印」を押印してもらう必要がある場合があり、そのときに、その者の印鑑証明書の提供が必要となります（なお、ことの性質上、委任状情報に申請人が電子署名したときは、印鑑証明書は不要となる）。

ここも、およそのところ、以下の場合（細かい点は抜きにして）に印鑑証明書の提供を要します。

基本として、いずれも、共同申請の登記義務者が印鑑証明書を提供するのであり、単独申請のときは、きわめて特殊な例外を除いて、申請人の印鑑証明書の提供を要する場合はありません。

印鑑証明書は、申請の日において作成後３か月以内のものに限られます。

なお、会社法人等番号を申請情報の内容としたときは、申請を受けた登記所の登記官が、その法人の代表者がした申請書または委任状の押印にかかる印鑑証明書を作成することができる場合に限り、その法人の代表者の印鑑証明書の提供を要しないこととなっています。

① 所有権の登記名義人が登記義務者となる場合

所有権の仮登記や、所有権の買戻権者など、所有権に関する権利の登記名義人が登記義務者となるときも、同様に、印鑑証明書の提供を要します。

たとえば、次のような登記（共同申請）をするときです。

１．登記の目的　所有権移転

２．登記の目的　抵当権設定（所有権を目的とする場合）

3．登記の目的　何番仮登記抹消（所有権仮登記を抹消する場合）
4．登記の目的　何番付記何号買戻権抹消（所有権を目的とする買戻権の場合）

これに対して、抵当権、地上権など、およそ所有権以外の権利の登記名義人が登記義務者となるときは、印鑑証明書の提供を要しません。

たとえば、次のような登記（共同申請）をするときです。
1．登記の目的　何番抵当権抹消
2．登記の目的　何番地上権移転

以上を整理すると、所有権は最も大事な権利なので、これを処分するときは登記識別情報のほかに印鑑証明書による本人確認を行う（いわば、二重の本人確認）が、それ以外の権利では、登記識別情報の提供による本人確認のみで足りるということになります。

②　登記義務者が登記識別情報を提供することができない場合

所有権以外の登記名義人が登記義務者となるときでも、その者が登記識別情報を提供することができないときは、印鑑証明書の提供を要します。

これは、登記識別情報に代わる本人確認手段として印鑑証明書の提供を求めるという意味です。

たとえば、次のような登記（共同申請）をするときです（いずれも、登記義務者が登記識別情報を提供できない場合に限る）。
1．登記の目的　何番抵当権移転
2．登記の目的　何番賃借権抹消

印 鑑 登 録 証 明 書

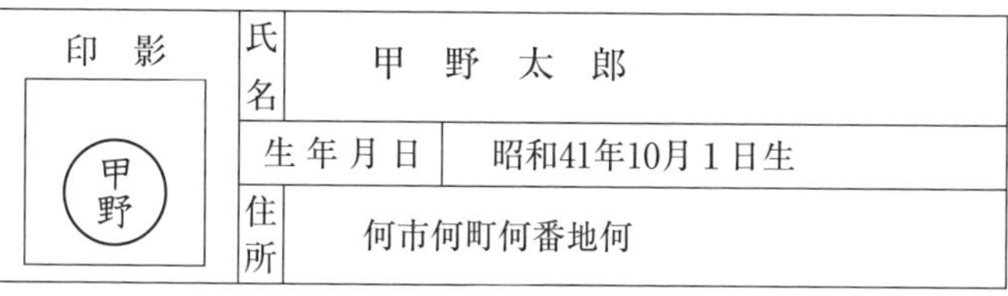

印影	氏名	甲 野 太 郎
甲野	生年月日	昭和41年10月1日生
	住所	何市何町何番地何

この写しは、登録されている印影と相違ないことを証明します。
令和6年9月28日

何市長 何市長印

なお、法人が会社法人等番号を申請情報の内容とした場合であって、登記官が委任状に記名押印した法人の代表者の印鑑に関する証明書を作成することができるときは、法人の代表者の印鑑証明書を要しません。

(4) 会社法人等番号

申請人が法人である場合に提供を要します。

これにより、登記官が、その法人の代表者の資格や代理人（例支配人）の代理権を確認します。

会社法人等番号を入力してその法人の登記事項（次のようなもの）を検索するのです。

会社法人等番号	0000-00-000000
本店	何市何町何番地
商号	株式会社　甲
役員に関する事項	何市何町何番地 代表取締役　甲野太郎
支配人に関する事項	何市何町何番地 乙野次郎 営業所　何市何町何番地

以上が原則ですが、会社法人等番号を提供せず、次の手を使うこともできます。

1．代表者の資格を証する登記事項証明書（作成後３か月以内）を提供する。
2．支配人の代理権を証する登記事項証明書（作成後３か月以内）を提供する。

なお、以上は、会社法人等番号を有する法人の話であり、これを有しない法人が登記の申請をするときは、次の情報の提供を要します。

1．代表者の資格証明情報

この資格証明情報が公文書であるときは、作成後３か月以内のものであることを要します。

(5) 代理権限証明情報

代理人によって登記を申請するときに提供を要します。

「委任状」が典型例ですが、そのほかに、次のようなもの（いずれも法定代理権の証明）があります。

① 戸籍全部事項証明書（親権者が未成年者を代理する場合）
② 成年後見の登記事項証明書（成年後見人が被後見人を代理する場合）
③ 裁判所の選任審判書（不在者の財産管理人が不在者を代理する場合）など

代理権限証明情報が、公文書であるときは、申請日において作成後３か月以内のものでなければなりません。

(6) 第三者の許可、同意、承諾情報等

申請人以外の第三者による許可、同意、承諾情報を提供すべき場合があります。

さまざまなものがありますが、以下に、その代表例をあげます。

① 不動産登記令７条１項５号ハを根拠とするもの

登記原因について第三者の許可、同意、承諾を要するときに提供を要します。なお、登記原因とは、「誰々と誰々との間で、こういう物権変動があった」という事実そのもののことです。

・農地法の許可情報（農地を使用・収益する権利の設定、移転の場合）

・裁判所の許可情報（不在者の財産管理人や相続財産清算人が処分行為を行うとき）

・株主総会議事録、取締役会議事録（株式会社と取締役の利益相反取引の場合）

・親権者の同意情報（未成年者の法律行為に親権者が同意した場合）

・根抵当権の極度額の変更、元本確定前の根抵当権の譲渡・一部譲渡についての利害関係人の承諾・同意情報

・抵当権の順位の変更についての利害関係人の承諾情報

② 不動産登記法を根拠とするもの

登記手続上、第三者の承諾情報の提供が必要となる場合です。

いずれも、登記上の利害関係人がいるときは、登記の申請をするときに承諾情報の提供を要します。

・権利の変更または更正の登記（不動産登記法66条　付記で登記をする場合）

・抹消登記（不動産登記法68条）
・抹消回復登記（不動産登記法72条）
・所有権に関する仮登記に基づく本登記（不動産登記法109条１項）

③　①と②の相違について（登記原因日付の問題）

①の「不動産登記令７条１項５号ハを根拠とする第三者の許可、同意、承諾情報」は、農地法、民法、会社法といった実体法に根拠がある許可書です。

その典型例が農地法の許可情報です。

農地法によれば、農地の所有権は、原則として知事または農業委員会の許可がなければ移転しません。そこで、その許可があったという事実を証明しろという趣旨の添付情報です。

農地について売買契約をした後に許可申請をしたケースであれば、売買の当事者に許可書が到達した日に所有権が移転します。

だから、この日が所有権移転の登記原因日付となります。

また、根抵当権の譲渡は、設定者の承諾を得てすることができると民法に書いてあります。

ですから、根抵当権の譲渡人と譲受人間で合意をしただけの段階では、根抵当権の譲渡はまだできないのであり、譲渡ができた日付は設定者の承諾のあった日です。

したがって、根抵当権移転の登記原因日付は、承諾のあった日を挙げて、年月日譲渡とすることになります。

このように、「不動産登記令７条１項５号ハを根拠とする第三者の許可、同意、承諾情報」は、その許可等があった日により、申請情報として提供すべき登記原因の日付に影響を及ぼすことがあります。

→なお、①のグループでも、未成年者の法律行為についての親権者の同意などのように、登記原因日付に影響を与えないものもある。

これに対して、②の不動産登記法を根拠とする承諾の場合、その承諾の日が登記原因日付に影響を与えることはありません。

こちらは、実体法（民法その他）とは無関係です。

たとえば、所有権移転登記と抵当権設定登記がつづけてなされた場合に、この所有権を抹消する手続を考えてみましょう。

この場合に何番所有権抹消の登記を申請するには、不動産登記法68条を根拠として抵当権者の承諾書の添付が必要です。

これは、あくまでも手続の問題です。

この問題を民法の問題として考えてみましょう。

仮に、所有権移転が効力を有しない理由が、制限行為能力を理由として取消権が行使されたことにあるのであれば、この取消しの効果は取消前の抵当権者に対抗できますから、抵当権者には所有権の抹消登記の承諾義務が生じるというべきです。

しかし、所有権移転が効力を有しない理由が、詐欺による取消しであれば、取消前の善意・無過失の抵当権者は、民法96条３項により保護されるため、所有権の抹消登記の承諾義務はありません。

しかし、以上のような事情は登記官の知るところではありません。

また、仮に事情を知っていたとしても、たとえば、抵当権者の善意・悪意を判断するのは司法府（裁判所）の仕事であり、これを行政官である登記官が判断すれば三権分立の原則に反します。

だから、登記手続としては、ある登記をすることによって不利な立場となる第三者がいる場合には、一律に承諾書の添付を要求するのです。

もし、抵当権者に承諾義務があるのであれば、所有権の抹消をしたい者は抵当権者に訴訟を提起して、承諾に代わる判決をもらうことができるはずです。

だから、この承諾書の添付ができないのであれば、その判決書を添付しろというのが登記所の立場です。

抵当権者が、上記の承諾書を添付すれば、抵当権は登記官の職権により抹消されます。

つまり、この承諾の意味は、登記官が自己に不利な登記を職権で行うことへの承諾なのです。

したがって、この承諾が、いつなされたかということは、登記を申請する際の原因日付に影響を与えることはありません。

1. 登記原因は発生した（この段階で登記簿に入れる原因日付は確定している)。
2. しかし、登記上の利害関係人の承諾がなかったので登記をすることができなかった。
3. 承諾書がもらえたので登記申請が可能になった。

そのことは、以上の経過を見ればあきらかなことであるといえます。

(7) 住所証明情報

所有権保存登記、所有権移転登記を申請するときに、登記名義人となる者が提供しなければなりません。（不動産登記令別表29、30）

実務では、住民票の写しや戸籍の附票などがこれにあたります。

申請人が実在することの証明を求めるというのが表向きの理由ですが、実際は、新たに登記簿に登場した所有者から**固定資産税を徴収するため**の仕組みです（登記所から市町村の固定資産税課に連絡する）。

このため、所有権移転仮登記をするときは、住所証明情報の提供を要しません。
仮登記名義人には、固定資産税の支払義務が生じないからです。

なお、所有権更正登記を申請するときに、その登記の申請により新たに登記名義人となる者も、実在証明のために住所証明情報を提供しなければなりません（質疑登研391P110）。

ついでに言うと、所有権等の登記名義人住所変更登記の際にも住民票の写しを添付しますが、こちらは、登記原因証明情報として添付を要するのであり、住所を証する情報の範疇には入りません。

この場合のように、同一の書面でも、場合によって登記の申請情報と併せて提供すべき理由が相違することがあり、そういう点の理解は、不動産登記法の学習にとってとても大事なことです。

(8) 相続その他の一般承継があったことを証する情報

不動産登記法62条により、申請人の一般承継人（相続人等）が申請をするときに提供を要する情報です。
これは、**申請人の適格性**を証明するために必要となるものであり、原則として、公文書であることを要します（不動産登記令７条

1項5号イ)。

以下は、甲野太郎（売主）と乙野次郎（買主）が、令和6年10月1日に不動産を売買した後に、売主が死亡し、甲野一郎がその相続人であるときの申請情報です。

登記の目的	所有権移転
原　因	令和6年10月1日売買
権利者	住所　乙野次郎
義務者	住所　亡甲野太郎相続人　甲野一郎
添付情報	登記原因証明情報
	登記識別情報
	印鑑証明書
	住所証明情報
	相続があったことを証する情報＊
	代理権限証明情報

＊相続があったことを証する情報として、甲野一郎が甲野太郎の相続人の**全員**であることを原則として戸籍等の公文書を用いて証明することを要する。

※なお、登記名義人が死亡したことを理由として権利の移転登記をするときは、申請形態が単独申請となり、戸籍等は「登記原因証明情報」として提供すべきことを思い出していただきたい(本書P14参照)。

(9) 代位原因証明情報

民法423条の7を根拠に、債権者が債務者に代位して登記の申請をするときに提供を要します。これも、申請人適格を証明するための情報です。

以下は、甲野太郎（売主）と乙野次郎（買主）が、令和６年10月１日に不動産売買をした後に、乙野次郎に対して債権（令和５年８月１日金銭消費貸借）を有する丙野三郎が乙野次郎に代位して登記の申請をする場合の申請情報です。

登記の目的	所有権移転
原　因	令和６年10月１日売買
権利者	（被代位者）住所　乙野次郎
代位原因	令和５年８月１日金銭消費貸借の強制執行
代位者	住所　丙野三郎
義務者	住所　甲野太郎
添付情報	登記原因証明情報
	登記識別情報
	印鑑証明書
	住所証明情報
	代位原因証明情報＊
	代理権限証明情報

＊代位原因証明情報として金銭消費貸借契約書を提供すればよい。
代位原因証明情報は、必ずしも公文書に限られるわけではない。

４．登録免許税

登記の申請について課税される登録免許税の額も記述式試験の試験範囲です。こういうものは「慣れ」の問題ですが、最初に簡単に整理をしておきます。

いっぺんに全部覚える必要はないので、本書を読み進みながら学習してください。

(1) 不動産価額を課税標準とするもの

以下は、不動産価額を課税価額とするケースです。

課税価額は1000円未満切り捨て（最低1000円）、登録免許税は100円未満切り捨て（最低1000円）です。

① 所有権保存登記
登録免許税　課税価額の4/1000

② 所有権移転登記
・相続または合併　登録免許税　課税価額の4/1000
・共有物の分割　　登録免許税　課税価額の4/1000（登録免許税法施行令９条１項に詳細規定アリ）
・その他の原因　　登録免許税　課税価額の20/1000

③ 地上権、永小作権、賃借権、採石権の設定、転貸、移転
上記②の半額

④ 所有権仮登記
上記②の半額

⑤ 所有権仮登記の本登記
上記②の半額

⑥ 配偶者居住権の設定
登録免許税　課税価額の2/1000

(2) 債権金額、極度額、予算金額を課税標準とするもの

① 先取特権保存、質権・抵当権の設定
登録免許税　課税価額の4/1000

② 先取特権保存、質権・抵当権の移転
・相続または合併 登録免許税 課税価額の1/1000
・その他の原因 登録免許税 課税価額の2/1000

(3) 不動産の個数を課税標準とするもの

以下の場合は、申請に係る不動産の個数1個について金1000円の登録免許税となります。

① 先取特権保存、質権・抵当権の設定の仮登記
② 先取特権保存、質権・抵当権の移転の仮登記
③ 付記登記、抹消回復登記、更正・変更登記
④ 抹消登記（ただし、同一の申請書により20個を超える登記の抹消を受ける場合には、申請の件数1件について2万円）

第2節 登記申請の方式について

申請情報の提供の方式には、以下の2つがあります。（不動産登記法18条）

1．電子情報処理組織を使用する方法（電子申請）
2．書面を提出する方法（書面申請）

不動産登記法は、電子申請を原則として規定しているため、法文上は、「申請情報の提供」といいますが、これは書面申請の場合には「申請書の提出」の意味であると思えばよいです。

さて、まず、以下の点を明確にしていただきたいと思います。

1．申請情報をオンラインで提供すれば「電子申請」という。

2．申請情報を記載した書面を提出する方法で提供すれば「書面申請」という。

・申請書を登記所に持参・郵送いずれの場合も「書面申請」です。

・添付情報の一部を「磁気ディスク」（CD-R、FD等）により提供しても、申請情報の提出の方式が書面であれば、「書面申請」です。

→なお、上記のCD-RまたはFDにより添付情報を提供する方式は、法務大臣が指定した登記所に限る。（不動産登記規則51条１項）

では、電子申請について述べます。

１．不動産登記令本則の方式

以下に述べる方式が「本則」の方式です。

電子申請に関して出題された、平成20年の午後の部の第27問に、「なお、不動産登記法施行令附則第５条に規定する添付情報の提供方法に関する特例（特例方式）については考慮しないものとする。」とあるのは、以下の本則で考えてくださいという意味です。

この方法は、実務上、使いようがなく、したがって、実際にはほとんど利用実績がなかった方式です。

1．電子申請をする場合には、申請情報と併せて**添付情報を送信**しなければならない。（不動産登記令10条）

2．電子申請をする場合の添付情報は、作成者の**電子署名**が行われているものでなければならない。（不動産登記令12条２項）

上記のように、電子申請をする場合には、すべての添付情報をデータ化し、これを送信しなければなりません。

しかも、そのデータには、電子署名を要します。

が、実際のところ、日本国民に電子署名用のＩＣチップの入ったマイナンバーカードを持っている人は、ほとんどいませんから、委任状情報に電子署名をすることができません。

また、登記の添付情報のうち、戸籍等や裁判所の書面など、もともと電子化が不可能なものも多いのです。

したがって、この方式は机上の空論であり、まったくといっていいほど利用実績がありません（よくもまあこんな制度を作ったものである）。

さて、ここで、**電子署名の意味**を話しましょう。

データの世界では、本人が作ったデータと、他人が本人になりすまして作ったデータはまったく同じものです。

だから、ここに電子署名をしなければ、添付情報の意味をなしません。

したがって、「電子申請をする場合の添付情報は、作成者の電子署名が行われているものでなければならない。」（不動産登記令12条２項）のです。

この点、書面申請では、委任状に押印が不要のケースもありますが、電子の世界では電子署名のないデータは、ほとんど無意味といえます。

そして、電子署名は、書面の世界に置き換えれば、**印鑑証明書そのもの**です。

書面の世界では、ある人の印影を本人のものであると市区町村長が証明します。

これに対して、電子署名は、ある人の暗号（公開カギ）を本人のものであると認証局が証明します。

だから、電子の世界で委任状情報を作成する場合は、登記権利者も所有権の登記名義人ではない登記義務者も、およそあらゆる委任状情報には電子署名がされるのであり、これは書面の世界に置き換えたときの実印の押印（電子署名に対応）と印鑑証明書（電子証明書に対応）を提供したのと同じこととなります。

さて、自然人の場合、この電子証明書の内容は、次の個人特定情報です。

1．氏名
2．住所
3．生年月日

これは、書面の世界の住民票の写しや、印鑑証明書と対応します。

法人の場合にも、電子証明書は、代表者の資格を証する情報にも、住所を証する情報にも、印鑑証明書にも対応する内容を含んでいます。

したがって、およそ添付情報に電子証明書の提供があれば、以下の添付情報の提供に代えることができます。

1．住所を証する情報（不動産登記規則44条１項）
2．会社法人等番号（不動産登記規則44条２項）
3．登記官が確認することのできる代理権限を証する情報（不動産登記規則44条３項）

なお、印鑑証明書の提供は、もともと、書面により添付情報を提供する場合のみの特則ですから、データとして添付情報を提供する場合には印鑑証明書は不要であると決まっている話です。

その代わりに、すべての添付情報に電子署名を要するのです。

なお、不動産登記令14条は、電子署名が行われている情報を送信するときは、電子証明書を併せて送信しなければならないと規定します。

しかし、電子署名だけをして電子証明書を送信しないということはできませんから、両者は一体のものと考えればよいです。

このほか、電子の世界に関する注意点を述べます。

(1) 登記識別情報提供様式

データとして登記識別情報を送信する場合には、これを暗号化する必要があります。

→書面の世界でいえば、登記識別情報を記載した書面は封筒に入れて封をして提供すべし（不動産登記規則66条２項）とされているが、これと同様の話である。

この様式を「登記識別情報提供様式」といいます。

電子申請では、「登記識別情報提供様式」を作成し、これをデータとして送信しなければなりません。

(2) 登記識別情報通知用特定ファイル届出様式

不動産登記令の本則の規定では、電子申請をした場合には、登記識別情報の通知はオンラインでされることになります。

この登記所からの通知用のファイルは申請人が提供しなければなりません。

これが、「登記識別情報通知用特定ファイル届出様式」です。

→書面申請の場合、登記識別情報は暗号（パスワード）部分に折り込んで目隠ししたうえで通知される。この折り込み部分にあたるのが「登記識別情報通知用特定ファイル」と思えばよい。

(3) 登記事項証明書の提供

電子申請をする場合、添付情報の一部に、登記事項証明書がある場合（既存不動産の管轄外の抵当権の追加設定等）には、登記事項証明書の提供に代えて、「登記官が指定法人から受けるために必要な情報」を送信しなければなりません。（不動産登記令11条）

具体的には、民事法務協会の発行する照会番号です。

この照会番号により、申請を受けた登記所の登記官が当該登記事項証明書のデータを入手するのです。

2．不動産登記令附則の方式

いわゆる「特例方式」です。

平成20年１月15日に可能になりました。

本則の方式が使い物にならないためにできた「附則」です。

特例方式は、「**当面の間……することができる。**」と規定されています。

かなりアバウトな言い方ですが、「当面の間」の「当面」は、ずっと続くという意味であるといわれています。

しかし、いままでの失敗を認めたくないので、「附則」で「当面の間」という規定にしたものと思われます。

特例方式には、次の特徴があります。

1．申請情報をデータで送信する。

　したがって、電子申請の範疇に属します。

2．しかし、添付情報の提供は、データでも書面でも、どっちでもよい。

全部書面で提供してもよし、一部のみのデータ化でもよいです。

そして、書面による部分は、別途、登記所に持参または郵送します。

こういう仕組みを、俗に「半ライン」といいます。

申請情報、添付情報の全部をデータ化するのは極めて困難だから、とにかく申請情報だけはデータで送信し、これをもってオンラインによる申請があったことにするのです。（統計上のトリックである）

たとえば、代理人により所有権移転登記を申請する場合に、次の手順を用いることができます。

1．申請情報の作成（データ）

司法書士がここに電子署名をします。

→ファイル形式の電子証明書を使用。

2．登記原因証明情報、登記済証、印鑑証明書、住所証明情報、代理権限証明情報を別途書面で提出する（持参または郵送）。

このように、１回の申請行為を、申請情報の提供（データによる）と添付書面の提供（書面による）に分けて、わざわざ複雑化したのが、特例方式の意味するところです。

→添付情報につき「書面を提出する方法によるか否か」が申請情報の内容とされる。（不動産登記規則附則21条１項）

→当該書面は、申請の受付の日から２日以内に提出するものとされている。（不動産登記規則附則21条２項）

なお、特例方式の場合、申請情報１件ごとに、それぞれの添付情報の内訳を各別に記載した規則別記第13号様式を、申請情報の件数分提供しなければなりません。

以下が、その「様式」です。

書面により提出した添付情報の内訳表

登記所の表示	○○法務局○○支店・出張所	
申請の受付の年月日	令和○年○月○日	
受付番号	第○○○○○号	
書面により提出した添付情報の表示	□　登記原因証明情報	
	□　登記済証	
	□　印鑑証明書	
	□　住所証明書	
	□　代理権限証書	
	□　資格証明書	
	□　更正証明書	
	□　評価証明書	
申請人又は代理人の氏名又は名称（申請人又は代理人が法人であるときはその代表者の氏名を含む。）及び電話番号その他の連絡先	東京都○○区○○町○丁目○番○号 司法書士　法務太郎 電話番号その他の連絡先 00-0000-0000	印

《法務局使用欄》

	1	2	3	4	5	6	7	8	9	10
登識通数										

計　　通

登記識別情報通知書通知の方法	□オンライン通知 □窓口通知 □送付通知	復代理	有　・　無
		送付先	□資格者代理人の事務所 □その他（　　　　　　　　）
添付書類の原本還付 有・無	□窓口還付 □送付還付	送付先	□登記識別情報通知書と併せて送付 □資格者代理人の事務所 □その他（　　　　　　　　）
その他 （返却書類等）			

令和　　年　　月　　日受付　受付第　　号～受付第　　号　　　　連件

では、以下、特例方式の注意点を述べます。

(1) 登記原因証明情報のPDFファイルでの送信

内容虚偽の申請を防止するための方法です。

不動産登記は民法上の対抗問題と直結します。

登記の受付番号の先後はきわめて重大な問題です。

そこで、取引の妨害のみを目的とするような申請を防止するため、実体上の物権変動の「疎明資料」として、申請情報の送信時には、登記原因証明情報に記載された情報を記録した電磁的記録（登記原因証明情報のPDFファイル）を送信することを要するとしました。

これを送信しないと、登記は**却下**される（補正ができない）ので、要注意です。

→所有権保存登記（敷地権付区分建物の法74条２項申請を除く）など、登記原因証明情報の提供を要しない登記の場合には、もちろん提供を要しない。

→登記名義人の住所または名称および氏名の変更登記では、送信不要とされている。

なお、上記の、登記原因証明情報のPDFファイルは、実体上の物権変動の疎明資料でしかないので、作成者（登記義務者等）の電子署名は不要とされています。

→司法書士の電子署名も不要である。

(2) 登記識別情報

登記識別情報の提供は、必ず、「登記識別情報提供様式」によることを要します。

すなわち、データ化して、送信します。

この作業（登記識別情報の暗号化）は、申請人本人がマイナンバーカード等を持っていない現状では、司法書士本人が行うよりほかになく、また、司法書士用の電子証明書の使用は補助者に任せることもセキュリティ上の理由によりすることができません。

また、登記識別情報は申請人別に不動産ごとに通知されていますから、１回の申請に30個ほど必要なケースもまれでなく、このように複数の登記識別情報がある場合、その全部の暗号を要しますから時間がかかります。

そこで、司法書士の側では、特例方式によりオンライン申請をする場合にも、登記識別情報の書面による提供を可能とするよう要望したという経緯がありますが、当局に認められませんでした。

その理由は、「登記識別情報はオンライン申請用に作られた」からという原則論でありました。

→なお、登記識別情報の暗号化には、司法書士は、その旨の「**特別の委任**」を申請人から受ける必要がある。委任事項は、「登記識別情報の暗号化に関する一切の権限」とすればよい。

次に、登記識別情報の通知は、原則としてオンラインで行われます。

したがって、申請人は、「登記識別情報通知用特定ファイル届出様式」を提供すべきです。

しかし、この原則論を貫くと、オンライン申請は普及しません。

なぜなら、実務の世界では、登記所の作成した折り込み方式の登記識別情報通知書にこそ、登記識別情報の原本性が認められます。

仮に、司法書士が、オンラインで登記識別情報の通知を受け、これを復号化して顧客に手渡しても、それは、ただの紙切れまたはデータであり「ありがたみ」がありません。

国民の心理として、国家公認という、「登記済証に代わるもの」が必要です。

そこで、「登記識別情報はオンライン申請用に作られた」という原則論は、ここでは、かなぐり捨てられました。

結局のところ、特例方式の申請情報に「登記識別情報通知書の交付を求める。」との記載があれば、登記所は、登記識別情報通知書（折り込み方式）を提供するということに決着しています。

→上記、オンラインで通知を受ける際の「登記識別情報の復号化に関する一切の権限」、「登記識別情報を通知書で交付を受ける件」は、いずれも「特別の委任事項」である。司法書士は、その旨の「特別の委任」を申請人から受ける必要がある。

3．特例方式による申請情報の例

登記申請書

登記の目的	所有権移転
原　因	令和何年何月何日贈与
権利者	何市何町何番地　田中太郎
	登記識別情報通知希望の有無： 送付の方法による交付を希望する
義務者	何市何町何番地　田中花子
	登記識別情報の提供の有無：有り
添付情報	登記原因証明情報（ＰＤＦ）（送付）
	登記識別情報
	印鑑証明書（送付）
	住所を証する情報（送付）
	代理権限を証する情報（送付）
年月日申請	何地方法務局（登記所コード　0001）
代理人	何市何町何番地　山本一郎
連絡先の電話番号	00-0000-0000

課税価格　　　金何円

登録免許税　　金何円

その他の事項　　送付の方法により登記識別情報通知書の交付を希望します。

送付先の区分→資格者代理人の事務所

登記完了証の交付方法　　送付の方法による交付を希望する

不動産の表示　土地　不動産番号　01234567890123

＊登記識別情報通知書の交付を求める場合の申請情報。

＊また、郵送により登記識別情報通知書の受領を希望するケースで、記載事項に「その他の事項」が追加となる。

コラム 住所を証する情報の代替品

「住民票コード」を提供すれば、住所を証する情報の提供は不要である。(不動産登記令9条)

しかし、この特例は、あまり使用されてはいません。

1．委任状情報を電子データ化する場合

電子署名を要するから、もともと、これが、住所を証する情報の提供に代わることになる。

2．書面で委任状を作成する場合

「住民票コード」だけを見ても、司法書士は、これを信用できない。

結局は、住民票の写しの準備を要するのだから、それを添付すればよい。

なお、普通に住民票の写しの交付を請求しても、「住民票コード」は出てこないから、司法書士がこれを目にすることは非常にまれな話である。

このほか、法人が申請人である場合に、その会社法人等番号を提供したときは、住所を証する情報の提供を省略することができる。

第1章 根抵当権

第1節 根抵当権の基本

確定前の根抵当権には、付従性、随伴性がありません。

担保権のうち、この2つの性質がないのは根抵当権のみであり、この点が、根抵当権のもっとも重要な特徴です。

付従性、随伴性という言葉を、ぼくの言葉で言い換えると、担保は家来であり担保されることとなる債権（被担保債権）が王様であるということになります。

たとえば、貸金債権があり、その債権を担保するために抵当権や質権が存在するのです。

したがって、貸金債権が存在しなければ、そもそも抵当権や質権は成立しません。

また、貸金債務が債務者によって弁済されれば、抵当権や質権は消滅します。

俗にいえば、担保とは借金のカタですから、借金（被担保債権）が存在しなければカタ（担保権）も存在しません。

担保権における以上の性質を「付従性」と表現します。

【抵当権の付従性】

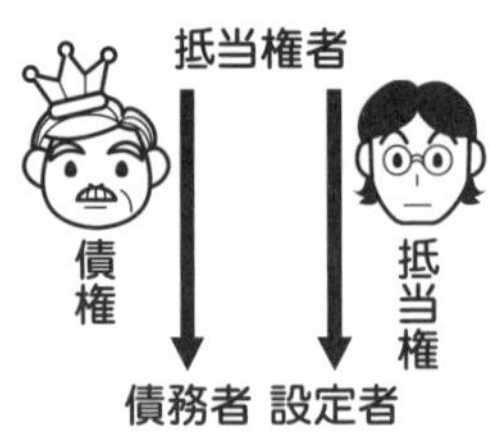

抵当権者

債務者 設定者

また、貸金債権があり、その債権を担保するために抵当権や質権が存在する場合に、その債権が第三者に譲渡された場合や、保証人がその債務を弁済したために弁済による代位が生じた場合には、抵当権や質権は、債権の譲受人や、代位弁済をした保証人に移転します。

つまり、王様（被担保債権）が引越しをすれば、家来（担保権）も引越しをします。

担保権が借金のカタである以上、債権を保有する者が担保権をも保有すべきであるのです。

担保権における以上の性質を**「随伴性」**と表現します。

【抵当権の随伴性】

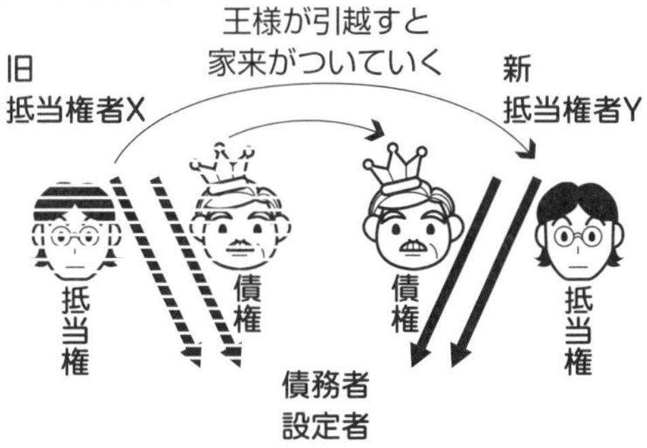

ところが、確定前の根抵当権には、上記の、付従性・随伴性が存在しません。

ではここで、根抵当権の性質を調べてみましょう。

根抵当権には、以下の三大要素があります。

1．極度額
2．債権の範囲
3．債務者

以上に加えて、「根抵当権者」が４つ目の要素です。

ということは、根抵当権は、「根抵当権者」と「債務者」の間における一定の範囲の取引等（債権の範囲）を前提にして、その債権の範囲に属する被担保債権を「極度額」の限度で担保するということになります。

参考○根抵当権の登記事項

権　利　部（乙区）　（所有権以外の権利に関する事項）			
順位番号	登記の目的	受付年月日・受付番号	権利者その他の事項
1	根抵当権 設定	令和６年７月18日 第20021号	原因　令和６年７月18日設定 極度額　金5000万円 債権の範囲　金銭消費貸借取引 債務者　A 根抵当権者　株式会社Ｂ銀行

根抵当権は継続した取引等を前提としますから、その債権の範囲に属する被担保債権は発生と消滅を繰り返します。

そういう状況の中で、極度額の「枠」の範囲で優先弁済権を確保しようというのが根抵当権の本質です。

付従性のある抵当権であれば、被担保債権が消滅すれば抵当権も消滅しますし、新たな被担保債権が生じればそれを担保するための抵当権の設定契約を要することになりますから、そのたびに抵当権の抹消登記、設定登記を要します。

しかし、これでは手間がかかってしょうがないので、特定の債権の発生、消滅とは無関係に極度額という「枠」を支配しておくという根抵当権の出番となるのです。

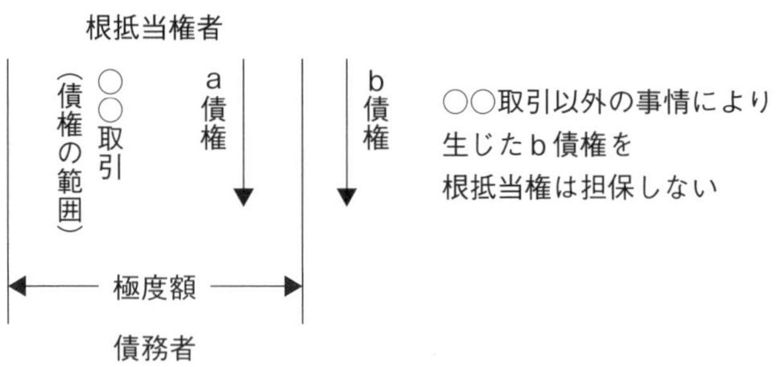

根抵当権者
（債権の範囲）
○○取引
a債権
b債権
○○取引以外の事情により
生じたb債権を
根抵当権は担保しない
極度額
債務者

このように、根抵当権では、「枠」（担保権そのもの）が王様であり、被担保債権は家来となります。

そこで、確定前の根抵当権には、付従性・随伴性がないという結論となります。

この点を具体的に述べると以下のようになります。

(1) 付従性がないという点

① 被担保債権の発生する前に根抵当権の設定が可能。

設定時に「枠」の中身が**ゼロでもかまいません**。

これから始める取引のために、あらかじめ根抵当権を設定したという意味合いになります。

→抵当権においても成立における付従性は緩和されており、将来発生する可能性のある債権を被担保債権とする抵当権の設定登記はすることができる。しかし、貸し渡しの前に「年月日金銭消費貸借同日設定」という形で抵当権設定登記をすることは不可能である。

しかし、金銭消費貸借取引を債権の範囲とする根抵当権であれば、貸し渡しの前に根抵当権を設定することは可能である。

② 被担保債権のすべてが弁済されても根抵当権は消滅しない。

確定前の根抵当権について、債務者が根抵当権の債権の範囲内の債務を全額弁済したとしても、根抵当権の**抹消登記をしてはいけません**。

一度、「枠」の中身がゼロになったからといっても、その後に新たな被担保債権が出現することも十分に考えられますから、根抵当権は消滅しません。

→試験において、この場合に根抵当権抹消登記をすれば、不正解ということになる。登記事項は何も発生しないと答えること。

(2) 随伴性がないという点

確定前の根抵当権の債権の範囲内の債権が第三者に譲渡された場合や、保証人がその債務を弁済したために弁済による代位が生じた場合であっても、根抵当権は債権の譲受人や、代位弁済をした保証人に移転しません。

→試験において、この場合に根抵当権移転登記をすれば、不正解ということになる。登記事項は何も発生しないと答えること。

【根抵当権には随伴性がない】

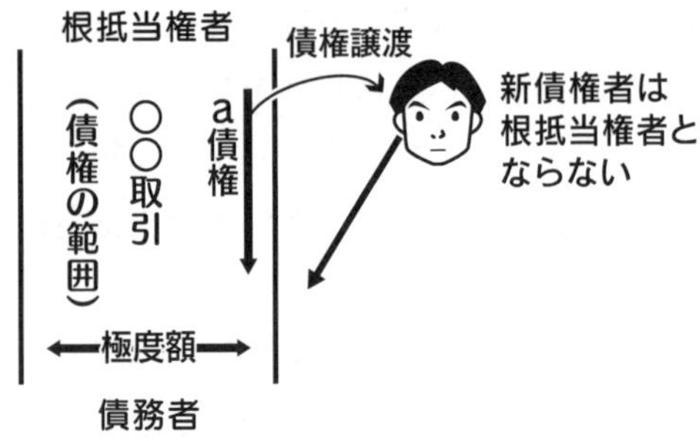

◆参考条文◆

民法398条の７（根抵当権の被担保債権の譲渡等）

１項　元本の確定前に根抵当権者から債権を取得した者は、その債権について根抵当権を行使することができない。元本の確定前に債務者のために又は債務者に代わって弁済をした者も、同様とする。

さて、以上のように、**元本確定前の根抵当権**には、付従性・随伴性が存在しません。

しかし、根抵当権は、元本の確定によりそのカオを変えます。

その変化を一言でいえば、根抵当権は抵当権に変身してしまうのです。

つまり、根抵当権の元本が確定するということは、その時点での被担保債権が王様に昇格し、根抵当権はその被担保債権を担保するための家来に成り下がることを意味します。

その結果、元本確定後の根抵当権については以下の状況が生じます。

(1) 付従性があるという点

債務者が被担保債権のすべてを弁済すれば根抵当権は消滅します。

この場合には、根抵当権の抹消登記をします。

登記の目的	何番根抵当権抹消
原　因	令和何年何月何日弁済
権利者	住所　甲
義務者	住所　乙銀行
	(会社法人等番号0000-00-000000)
	代表取締役　何某
添付書類	登記原因証明情報
	登記識別情報
	会社法人等番号　代理権限を証する情報
登録免許税	金1000円（不動産１個について）

(2) 随伴性があるという点

根抵当権の債権の範囲内の債権が第三者に譲渡された場合や、保証人がその債務を弁済したために弁済による代位が生じた場合、根抵当権は債権の譲受人や、代位弁済をした保証人に移転します。

登記の目的	何番根抵当権移転
原　因	令和何年何月何日債権譲渡（または代位弁済）
権利者	住所　甲銀行 （会社法人等番号0000-00-000000） 代表取締役　何某
義務者	住所　乙銀行 （会社法人等番号0000-00-000000） 代表取締役　何某
添付書類	登記原因証明情報 登記識別情報 会社法人等番号　代理権限を証する情報
登録免許税	極度額の2/1000

(注)本書においては、登記の申請をするにあたり、添付情報を書面を提出する方法（磁気ディスクを提出する方法を除く）により提出するものとして、解説をすすめます。

参考○根抵当権の追加設定の可否

根抵当権の元本が確定した場合、確定後の日付を原因日付とする共同根抵当権の追加設定登記は受理されません。

すでに特定債権との結びつきが生じている（根抵当権が家来に成り下がった）ため、設定登記（追加）をすることはできないのです。

参考○

根抵当権の定義は、以下の条文においてなされています。

民法398条の２（根抵当権）

１項　抵当権は、設定行為で定めるところにより、一定の範囲に属する不特定の債権を極度額の限度において担保するためにも設定することができる。

この１項を受けて２項は、「前項の規定による抵当権（以下「根抵当権」という）」と根抵当権を定義します。

したがって、はじめから特定債権と結びつきの生じた抵当権は、根抵当権ではありません。

以上のように根抵当権は、元本確定の前後で、そのカオがまったく異なります。

受験者とすれば、根抵当権の元本が確定しているかどうかによって解答のしかたがまったく異なることになります。

そこで、根抵当権の元本は、「いつ」「どういう原因によって」確定するのかという点の理解が極めて重要な問題点となります。

上記の双方は、いずれも大事です。

根抵当権の元本が確定したことはわかっても、**いつ確定したのか**を判定できなければ、試験対策としては不十分であるとしかいいようがありません。

たとえば、令和６年７月15日に元本が確定し、同月20日に債務者が被担保債権の全額を弁済すれば、「令和６年７月20日弁済」を登記原因とする根抵当権の抹消登記を申請すべきですが、元本確定の日が、令和６年７月25日であれば、上記の弁済により登記事項が発生することはありません。

このように、元本確定の期日が何時（いつ）かということは非常に重要なポイントとなります。

参考○根抵当権の元本確定登記

根抵当権者Ａ銀行、設定者Ｂとした場合に、令和６年７月15日に根抵当権の元本が確定した場合の登記申請は以下のように行います。

第1章 根抵当権

登記の目的	何番根抵当権元本確定
原　因	令和6年7月15日確定
権利者	住所　B
義務者	住所　A銀行 （会社法人等番号0000-00-000000） 代表取締役　何某
添付書類	登記原因証明情報 登記識別情報 会社法人等番号　代理権限を証する情報
登録免許税	金1000円（不動産1個について）

根抵当権の元本確定登記についての申請情報の内容は**上記のパターンしかありえません。**

つまり、どういう事情で元本が確定したのかという点は、申請情報の内容ではありません。

次に、元本確定登記は、根抵当権について元本確定後でなければできない登記を申請するための前提登記という性質があります。

たとえば、年月日債権譲渡を登記原因とする根抵当権の移転登記は元本の確定後でなければ登記をすることができません。

そこで、次のような連件申請をすることが通常です。

1/2　何番根抵当権元本確定
2/2　何番根抵当権移転

しかし、元本確定登記は、元本確定後でなければできない登記を申請するための**前提登記という意味しかありません。**

したがって、登記簿上、元本の確定があきらかなケースにおいては、元本の確定登記は要しません。

登記簿上、元本の確定があきらかなケースの代表例は以下のような場合です。

権　利　部（乙区）	（所有権以外の権利に関する事項）		
順位番号	登記の目的	受付年月日・受付番号	権利者その他の事項
1	根抵当権 設定	令和３年７月18日 第20021号	原因　令和３年７月18日設定 極度額　金5000万円 債権の範囲　金銭消費貸借取引 債務者　A 確定期日　令和６年７月15日 根抵当権者　株式会社Ｂ銀行

この場合、登記された確定期日（令和６年７月15日）以降の日付を登記原因（債権譲渡）とする根抵当権の移転登記をする前提として元本確定登記は要しません。

第2節 元本の確定

本節では、根抵当権の元本の確定事由を順繰りに解説します。

いずれも、民法の条文どおりの理解を要します。

(1) 確定期日の到来（民法398条の６）

確定期日は登記事項です。

根抵当権の確定期日が定められている場合には、その期日の到来をもって元本は確定します。

確定期日は、これを定めた日または変更の日から５年以内でなければなりません。

確定期日の変更については、変更前の確定期日の到来より前に**登記しなければ**、変更前の期日をもって元本は確定します。（民法398条の６第４項）

事例 1

以下の事例において、「令和６年７月20日弁済」を原因とする根抵当権の抹消登記をすることができるか。

1．確定期日は「令和６年７月15日」（登記されている）

2．令和６年７月10日に、根抵当権者と設定者が確定期日を「令和８年７月10日」とする変更契約をした。（変更の登記はしていない）

3．令和６年７月20日に、根抵当権の債務者が、根抵当権の債権の範囲内の債務の全額を弁済した。

答え　抹消登記をすることができます。

根抵当権は、登記簿上の確定期日である「令和６年７月15日」の到来により元本が確定しています。

なお、２の確定期日の変更登記は、令和６年７月14日までに申請をしなければ却下されます。

民法398条の６第４項の規定により、令和６年７月15日をもって根抵当権の元本が確定したことは登記簿上あきらかであり、いったん確定した根抵当権を確定前の状態に戻すという手続は民法が予定していないからです。

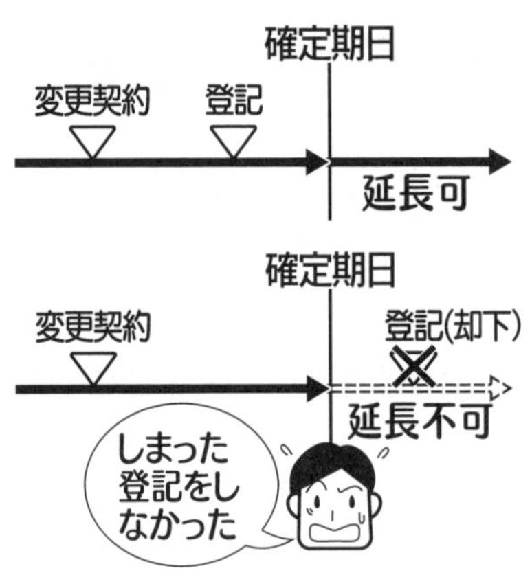

◆参考条文◆

民法398条の6（根抵当権の元本確定日の定め）

4項　第1項の期日の変更についてその変更前の期日より前に登記をしなかったときは、担保すべき元本は、その変更前の期日に確定する。

(2) 設定者の確定請求（民法398条の19第1項）

元本の確定期日を定めていない場合には、根抵当権設定者は、根抵当権の設定の時から3年を経過したときは、元本の確定請求をすることができます。

この場合、**請求の時から2週間の経過**をもって元本は確定します。

請求の時とは、設定者の元本確定の意思表示が根抵当権者に到達した時のことをいいます。（民法97条1項　意思表示の到達主義）

事例 2

以下の事例において、「令和6年7月25日弁済」を原因とする根抵当権の抹消登記をすることができるか。

また、抹消登記をすることができるとした場合、前提登記としての根抵当権の元本確定登記は必要か。

1. 根抵当権の債務者が、令和6年7月10日に、元本確定請求をした。
2. 令和6年7月25日に、根抵当権の債務者が、根抵当権の債権の範囲内の債務の全額を弁済した。

答え 抹消登記をすることができません。

債務者からの元本確定請求は認められていません。

民法398条の19第1項の元本確定請求は、担保の負担を強いられている設定者のための制度だからです。

なお、本事例の根抵当権が設定から３年を経過しており、元本確定期日の定めがない場合であって、設定者から確定請求がなされていれば、根抵当権の元本は令和６年７月25日の到来をもって確定しますから、「令和６年７月25日弁済」を原因とする根抵当権の抹消登記をすることができることになります。

そして、「令和６年７月25日弁済」を原因とする根抵当権の抹消登記ができるとした場合には、前提登記としての根抵当権の元本確定登記は必要です。

設定者が元本の確定請求をしたかどうかが、登記簿上、判明することはありえないからです。

事例３

以下の事例において、令和６年７月15日債権譲渡」を原因とする根抵当権の移転登記をすることができるか。

また、移転登記をすることができるとした場合、前提登記としての根抵当権の元本確定登記は必要か。

1．根抵当権の設定者が、令和６年７月10日に、元本確定請求をした。

2．令和６年７月15日に、根抵当権者が、根抵当権の債権の範囲内の債権の全部を第三者に譲渡した。

答え　移転登記をすることはできません。

本事例において、元本確定期日の定めがなく、元本確定請求が根抵当権の設定から３年を経過した後になされていれば、根抵当権の元本は確定請求から２週間の経過をもって確定します。

しかし、債権譲渡は、２週間の経過の前に行われています。根抵当権は確定していない時点ですから、登記すべき事項は何も発生しません。

(3) 根抵当権者の確定請求（民法398条の19第２項）

元本の確定期日を定めていない場合には、根抵当権者は、いつでも、元本の確定請求をすることができます。

この場合、請求の時に元本は確定します。

事例 4

以下の事例において、「令和６年７月10日債権譲渡」を原因とする根抵当権の移転登記をすることができるか。

また、移転登記をすることができるとした場合、前提登記としての根抵当権の元本確定登記は必要か。

1．根抵当権者が、令和６年７月10日に、元本確定請求をした。

2．同日、確定請求をした根抵当権者が、根抵当権の範囲内の債権のすべてを第三者に譲渡した。

答え 元本の確定期日を定めていないときは、根抵当権の移転登記を申請することができます。

前提登記としての根抵当権の元本確定登記は必要です。

参考○元本確定登記の単独申請１

この場合、民法398条の19第２項の規定による請求をしたことを証する情報を提供して、根抵当権の元本確定登記を根抵当権者が単独で申請することができます。（不動産登記法93条、不動産登記令７条１項６号、別表61添付情報欄）

参考○設定者の確定請求と根抵当権者の確定請求で確定の時期が異なる理由

設定者からの確定請求により根抵当権の元本がすぐに確定すると、その後の取引により発生する債権が一切担保されなくなるから、根抵当権者に不測の損害を与える可能性があります。そこで、民法は、２週間の期間の経過をもって確定することとしました。

根抵当権者からの確定請求の場合には、上記の懸念が生じません。だから、即時に確定させてもよいのです。

(4) 根抵当権者が抵当不動産について競売等*による差押えを申し立てたとき（民法398条の20第１項１号）

ただし、競売等の手続の開始または差押えがあったときに限ります。

＊競売等　競売・担保不動産収益執行・物上代位のための差押えのこと

この場合の元本確定の時期は、「申立て」の時です。

たとえば、１番根抵当権者が競売の申立てをすれば、その時に、１番根抵当権の元本は確定します。

また、抵当不動産について「差押え」の登記がなされた場合には、登記簿上元本の確定があきらかとなります。

参考○滞納処分による差押え

国、地方公共団体が、租税債権を担保するために根抵当権の設定を受けているケースにおいて、国等が抵当不動産について滞納処分による差押えをした場合にも、国等の根抵当権の元本が確定します。(民法398条の20第１項２号)

参考○競売等と滞納処分で元本確定の時期が異なる理由

私人たる根抵当権者は、根抵当権を実行するために裁判所への申立てを要します。このため、実行の意思が明らかとなる申立て時に元本が確定します。しかし、国等が根抵当権を実行するときは、裁判所に申立てをせずに、いきなり差し押さえることができます。このため、差押えをした時に元本が確定するという仕組みになっています。

(5) 根抵当権者が抵当不動産に対する競売手続の開始または滞納処分による差押えがあったことを知ってから2週間を経過したとき（民法398条の20第1項3号）

たとえば、1番抵当権と2番根抵当権が設定されている不動産について、1番抵当権者が競売の申立てをしてその手続の開始を2番根抵当権者が知ってから2週間が経過すると、2番根抵当権の元本が確定します。

しかし、この場合であっても、1番抵当権者の申し立てた競売手続開始の決定の効力が消滅すれば、2番根抵当権の元本は確定しなかったものとみなされます。（民法398条の20第2項本文）

国等がした滞納処分による差押えの効力が消滅した場合も同様です。

この場合の2番根抵当権者は、他人である1番抵当権者等の競売の手続の開始により、**受動的な立場**で根抵当権の元本が確定するわけですから、その手続の効力が失われれば、2番根抵当権の元本を確定したとする必要性はないわけです。

しかし、この場合であっても、2番根抵当権の元本が確定したものとして**その根抵当権を取得した者**が現れた場合には、2番根抵当権の元本確定の効力が失われることはありません。（民法398条の20第2項ただし書）

たとえば、2番根抵当権の元本は確定したものとしてその被担保債権を譲り受けた者が、1番抵当権者等の競売等の手続の効力が失われたことにより、案に相違して根抵当権の取得ができないことになると、その者に損害を与えることになるからです。

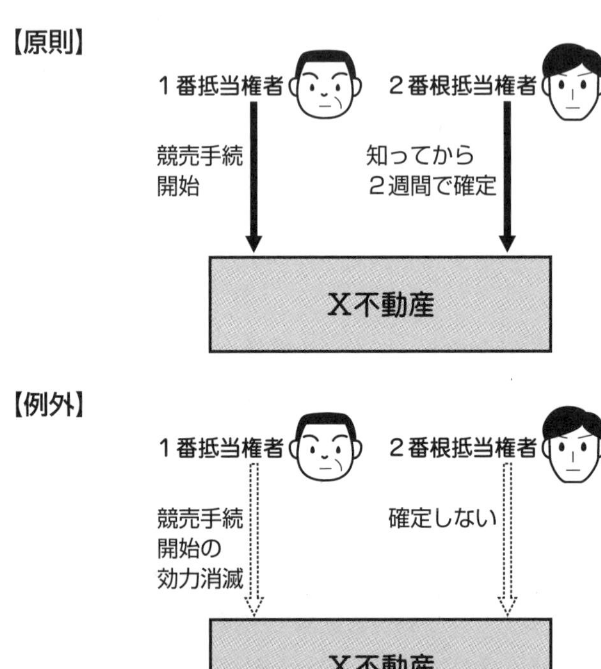

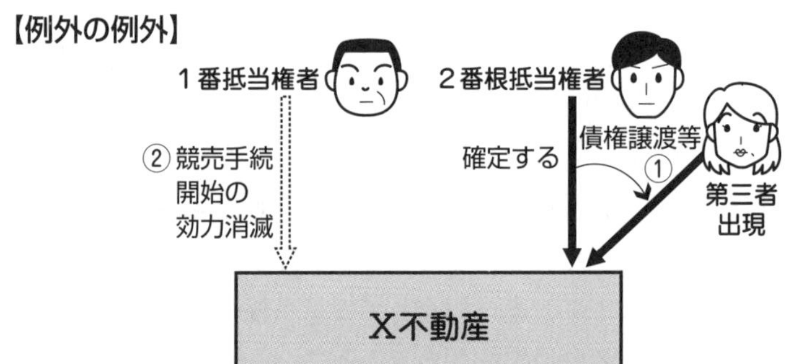

事例 5

以下の事例において、「年月日債権譲渡」を原因とする２番根抵当権の移転登記をすることができるか。

また、移転登記をすることができるとした場合、前提登記としての２番根抵当権の元本確定登記は必要か。
1．抵当不動産の１番抵当権者による競売手続が開始された。
2．２番根抵当権者は、そのことを知った。そして、２週間が経過した。
3．その後、２番根抵当権者が、根抵当権の被担保債権のすべてを第三者に譲渡した。
4．しかし、その後、１番抵当権者による競売手続開始の決定の効力が消滅した。

答え 「年月日債権譲渡」を原因とする２番根抵当権の移転登記をすることができます。

２番根抵当権は、１番抵当権者による競売手続の開始を知った日から２週間が経過した時に元本が確定しているからです。

その後、１番抵当権者による競売手続開始の決定の効力が消滅していますが、２番根抵当権の元本確定を前提にして被担保債権（および確定根抵当権）を取得した者が現れていますから、２番根抵当権の元本確定の効力が失われることはありません。

また、「年月日債権譲渡」を原因とする根抵当権移転登記の前提登記として、元本確定登記は必要です。

２番根抵当権者が、１番抵当権者による競売手続の開始を知った日から２週間が経過したかどうかは登記簿上あきらかになることがありえないからです。

参考○元本確定登記の単独申請２

上記のケースにおいて、根抵当権の元本確定登記と根抵当権移転登記を連件で申請する場合には、根抵当権者は、「民事執行法49条２項の規定による催告を受けたことを証する情報」を提供して、根抵当権の元本確定登記を単独で申請することができます。（不動産登記法93条、不動産登記令７条１項６号、別表62添付情報欄）

(6) 根抵当権者の死亡による相続の発生（民法398条の8第1項）

根抵当権者が死亡した場合には、原則として、根抵当権の元本が確定します。

元本確定の日付は、**相続開始の日（死亡日）**です。

民法は、根抵当権者の相続人と債務者の間で取引が継続することはあるまいと考えているのです。

したがって、根抵当権者の死亡により根抵当権の元本は確定し、相続人は王様に格上げになった被担保債権を取得することになるのです。

しかし、相続人と債務者の間で取引が継続する場合もあるでしょう。

そこで、民法は、根抵当権者と設定者との**合意により定めた相続人**が相続の開始後に取得する債権を根抵当権が担保するという道をひらきました。

この合意の登記をすれば、根抵当権の元本は確定することなく、被相続人の死亡時において死者が保有していた担保されるべき債権のほか、合意により定めた相続人が**相続の開始後**に取得する債権を担保することになります。

参考○根抵当権者死亡の場合の合意の登記

合意の登記をする場合には、以下の２つの登記を申請します。

なお、人物関係は、根抵当権者Ｘの相続人がＡＢ、設定者がＹです。

1/2

登記の目的	何番根抵当権移転
原　因	令和何年何月何日相続
根抵当権者	（被相続人Ｘ）ＡＢ
添付書類	登記原因証明情報　代理権限を証する情報

登録免許税　極度額の1/1000

2/2

登記の目的	何番根抵当権変更
原　因	令和何年何月何日合意
指定根抵当権者	A
権利者	AB
義務者	Y
添付書類	登記原因証明情報 登記識別情報（または登記済証） 印鑑証明書　代理権限を証する情報
登録免許税	金1000円（不動産1個につき）

注意事項

1/2について

この登記により、亡Xが保有していた根抵当権によって担保されるべき債権を相続人の誰が取得するのかということをあきらかにします。

基本的に、亡Xの債権を承継しない相続人を根抵当権者として登記することはありませんが、例外として、指定根抵当権者となるべき者は、たとえ亡Xの債権を承継しない場合であっても、根抵当権者として登記をすることを要します。

2/2について

この登記により、X死亡後に誰が債務者との取引をするのかということをあきらかにします。

なお、根抵当権者の死亡の日から6か月以内に合意の**登記**（**2/2**）をしなければ、根抵当権の元本は、**X死亡の日**をもって確定します。

(7) 債務者の死亡による相続の発生（民法398条の８第２項）

債務者が死亡した場合には、原則として、根抵当権の元本が確定します。

元本確定の日付は、相続開始の日（死亡日）です。

民法は、根抵当権者と債務者の相続人との間で取引が継続することはあるまいと考えているのです。

したがって、債務者の死亡により根抵当権の元本は確定し、相続人は債務者の死亡時の債務を承継することになるのです。

しかし、根抵当権者と債務者の相続人との間で取引が継続する場合もあるでしょう。

そこで、民法は、根抵当権者と設定者との合意により定めた相続人が相続の開始後に負担する債務を根抵当権が担保するという道をひらきました。

この合意の登記をすれば、根抵当権の元本は確定することなく、被相続人の死亡時において死者が負担していた担保されるべき債務のほか、合意により定めた相続人が相続の開始後に負担する債務を担保することになります。

参考○根抵当権の債務者死亡の場合の合意の登記

合意の登記をする場合には、以下の２つの登記を申請します。

なお、人物関係は、根抵当権者Ｘ、設定者がＹ、債務者Ｚの相続人がＡＢです。

1/2

登記の目的	何番根抵当権変更
原　因	令和何年何月何日相続
変更後の事項	債務者（被相続人Ｚ）ＡＢ
権利者	Ｘ
義務者	Ｙ

添付書類	登記原因証明情報 登記識別情報 印鑑証明書　代理権限を証する情報
登録免許税	金1000円（不動産１個につき）

2/2

登記の目的	何番根抵当権変更
原　因	令和何年何月何日合意
指定債務者	A
権利者	X
義務者	Y
添付書類	登記原因証明情報 登記識別情報 印鑑証明書　代理権限を証する情報
登録免許税	金1000円（不動産１個につき）

注意事項

1/2について

この登記により、亡Ｚが負担していた根抵当権によって担保されるべき債務を相続人の誰が承継するのかということをあきらかにします。

基本的に、亡Ｚの債務を承継しない相続人を債務者として登記することはありませんが、例外として、指定債務者となるべき者は、たとえ亡Ｚの債務を承継しない場合であっても、債務者として登記をすることを要します。

2/2について

この登記により、Ｚ死亡後に誰が根抵当権者との取引をするのかということをあきらかにします。

上記のように、この２つの登記はその意味するところが異なるため、たとえ亡Ｚの相続人が**１人しかいない場合**でも、根抵当権の元本を確定させないためには、**双方の登記申請**をすることが必要です。

なお、債務者の死亡の日から６か月以内に合意の**登記（2/2）**をしなければ、根抵当権の元本は、**Ｚ死亡の日**をもって確定します。

◆参考条文◆

民法398条の８（根抵当権者又は債務者の相続）

４項　第１項［根抵当権者死亡のケース］及び第２項［債務者死亡のケース］の合意について相続の開始後６箇月以内に登記をしないときは、担保すべき元本は、相続開始の時に確定したものとみなす。

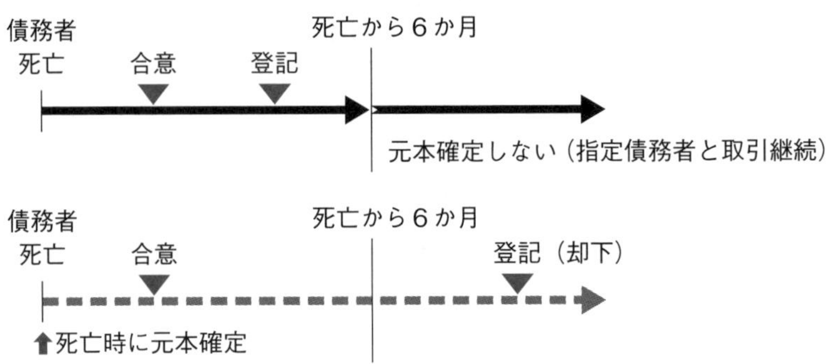

事例 6

以下の事例において、「令和７年１月16日弁済」を原因とする根抵当権の抹消登記をすることができるか。

また、抹消登記をすることができるとした場合、前提登記としての元本確定登記は必要か。

なお、根抵当権者をＸ、設定者がＹ、債務者Ｚの相続人がＡＢとする。

1．令和６年７月15日、債務者Ｚが死亡した。

2．相続を登記原因とする債務者の変更登記がされた。登記された債務者はＡＢの２名である。

3．令和６年12月15日に、Ａを指定債務者とする合意が、根抵当権者Ｘと設定者Ｙの間でなされた。（合意の登記は未了）

4．令和７年１月16日に、ＡＢは根抵当権の債権の範囲に属する債務の全額を弁済した。

答え **「令和７年１月16日弁済」を原因とする根抵当権の抹消登記をすることができます。**

相続開始から、６か月が経過したにもかかわらず、**合意の登記がされていない**ので、根抵当権の元本は、令和６年７月15日（Ｚ死亡の日）をもって確定しました。

また、この場合、前提登記としての元本確定登記は不要です。

なぜなら、債務者Ｚが死亡した旨の変更登記がされており、死亡の日から６か月が経過し根抵当権の元本が確定したことは登記簿上あきらかだからです。

事例 7

以下の事例において、「令和６年12月20日債権譲渡」を原因とする根抵当権の移転登記をすることができるか。

また、移転登記をすることができるとした場合、前提登記としての元本確定登記または指定債務者の合意の登記は必要か。

なお、根抵当権者をＸ、設定者がＹ、債務者Ｚの相続人がＡＢとする。

1．令和６年７月15日、債務者Ｚが死亡した。

2．相続を登記原因とする債務者の変更登記がされた。登記された債務者はＡＢの２名である。

3．根抵当権には、もともと確定期日（令和６年11月15日）の登記がされている。

4．令和６年10月15日に、Ａを指定債務者とする合意が、根抵当権者Ｘと設定者Ｙの間でなされた。

5．令和６年12月20日に、根抵当権者Ｘは根抵当権の債権の範囲に属する債権のすべてを第三者（Ｗ）に譲渡した。

6．登記申請日は、令和７年１月15日である。

答え「令和６年12月20日債権譲渡」を原因とする根抵当権の移転登記をすることはできます。

本問においてすることができる登記の申請は、以下の２つです。

1/2

登記の目的	何番根抵当権変更
原　因	令和６年10月15日合意
指定債務者	Ａ
権利者	Ｘ
義務者	Ｙ
添付書類	登記原因証明情報

	登記識別情報
	印鑑証明書　代理権限を証する情報
登録免許税	金1000円（不動産１個につき）

2/2

登記の目的	何番根抵当権移転
原　因	令和６年12月20日債権譲渡
権利者	W
義務者	X
添付書類	登記原因証明情報
	登記識別情報
	代理権限を証する情報
登録免許税	極度額の２/1000

注意事項

1/2の登記について

登記申請日は債務者Ｚの死亡から６か月以内の日付ですから、指定債務者の合意による変更登記をすることができます。

この登記をすることによって、設問の根抵当権は、亡Ｚが負担していた根抵当権によって担保されるべき債務のほか、根抵当権者Ｘと設定者Ｙとの合意により定められた指定債務者であるＡが、**Ｚの相続開始の日から根抵当権の元本確定期日である令和６年11月15日までの間**に、根抵当権者Ｘと指定債務者Ａとの間で発生した根抵当権の債権の範囲内の債務を担保することになります。

2/2の登記について

設問の根抵当権は、**1/2**の登記がされた結果、登記された元本確定期日（令和６年11月15日）に確定したことが登記簿上あきらかです。

したがって、根抵当権移転登記の前提登記としての元本確定登記は不要です。

(8) 根抵当権者について合併があった場合（民法398条の９第１項）

根抵当権者が吸収合併された場合、根抵当権は原則として元本が確定することはありません（民法398条の９第１項）。

しかし、この場合、根抵当権設定者は、根抵当権の元本の確定請求をすることができます（民法398条の９第３項）。

そして、適法な確定請求がなされると、根抵当権は**合併の時**に確定します（民法398条の９第４項）。

上記の確定請求は、以下の期間のいずれかが経過すると、することができなくなります（民法398条の９第５項）。

1．設定者が、合併があったことを知ってから２週間。
2．合併の日から１か月。

上記のいずれかの期間を経過すれば、確定請求をすることができなくなります。

したがって、確定請求（意思表示の到達日）が合併から１か月の経過の後であれば、根抵当権の元本が確定することはありませんし、また、合併から１か月以内の確定請求であっても設定者が合併を知ってから２週間の経過の後である場合も同様です。

なお、根抵当権者が合併した場合に、設定者からの確定請求を可能とした民法の趣旨は、合併をした会社と設定者の間に人的なつながりがなくなる場合がありえるので、設定者が将来の取引についてまで担保提供をしなくてもよいように確定請求の機会を与えたものです。

事例 8

以下の事例において、「令和６年７月29日弁済」を原因とする根抵当権の抹消登記をすることができるか。

また、抹消登記をすることができるとした場合、前提登記としての元本確定登記は必要か。

なお、根抵当権者を㈱X、Ｙは債務者兼設定者であるとする。

1. 令和６年７月15日、根抵当権者㈱Xは㈱甲に吸収合併された。
2. 令和６年７月29日、Ｙは根抵当権の元本の確定請求をした。
3. 同日、Ｙは根抵当権の債権の範囲に属する債務のすべてを弁済している。

答え 「令和６年７月29日弁済」を原因とする根抵当権の抹消登記をすることはできます。

設定者のＹは、㈱Xの合併から２週間以内に確定請求をしているので、合併があったことを知ってから２週間以内で合併から１か月以内という確定請求の要件を満たしているといえます。

本事例において登記をすることができるのは以下の３つです。

1/3

登記の目的	何番根抵当権移転
原　因	令和６年７月15日合併

2/3

登記の目的	何番根抵当権元本確定
原　因	令和６年７月15日確定

3/3

登記の目的	何番根抵当権抹消
原　因	令和６年７月29日弁済

設定者が元本確定請求をしたかどうかは、登記簿上あきらかになることはありえませんから、元本確定登記を要します。

また、本事例では、設定者は債務者の地位を兼ねていますが、この場合にも設定者としての立場で確定請求をすることができます。

【元本確定請求の趣旨】

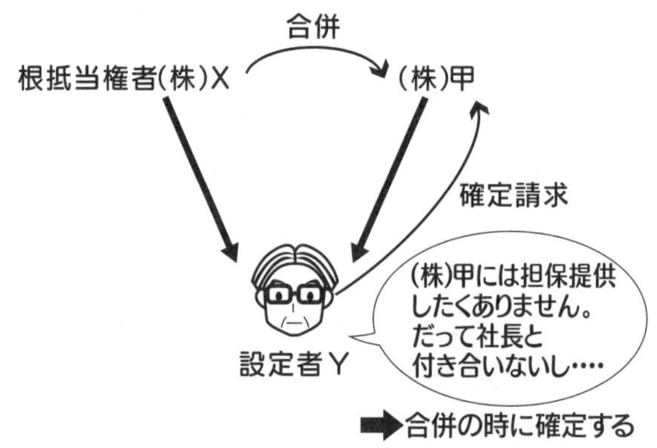

事例 9

以下の事例において、「令和６年８月17日弁済」を原因とする根抵当権の抹消登記をすることができるか。

また、抹消登記をすることができるとした場合、前提登記としての元本確定登記は必要か。

なお、根抵当権者を㈱X、設定者がY、債務者をZとする。

1．令和６年７月15日、根抵当権者㈱Xは㈱甲に吸収合併された。

2．令和６年８月17日、Yは合併を理由として根抵当権の元本の確定請求をした。

3．同日、Zは根抵当権の債権の範囲に属する債務のすべてを弁済している。

答え「令和６年８月17日弁済」を原因とする根抵当権の抹消登記をすることはできません。

合併の日から１か月が経過しているので、設定者が民法398条の９第３項の確定請求をすることはできません。

つまり、本事例の根抵当権は確定前の根抵当権ですから、弁済による登記事項は発生しません。

(9) 債務者について合併があった場合（民法398条の９第２項）

債務者が吸収合併された場合には、根抵当権は原則として元本が確定することはありません。（民法398条の９第２項）

しかし、この場合、根抵当権設定者は、根抵当権の元本の確定請求をすることができます。（民法398条の９第３項）

そして、適法な確定請求がなされると、根抵当権は**合併の時**に確定します。（民法398条の９第４項）

上記の確定請求をすることができるのは、以下の期間内に限られます。（民法398条の９第５項）

1．設定者が、合併があったことを知ってから２週間。
2．合併の日から１か月。

なお、債務者が合併した場合に、設定者からの確定請求を可能とした民法の趣旨は、合併をした会社と設定者の間に人的なつながりがなくなる場合がありえるので、設定者が将来の取引についてまで担保提供をしなくてもよいように確定請求の機会を与えたものです。

したがって、**設定者が債務者でもある場合には、設定者からの確定請求は認められていません。**（民法398条の９第３項ただし書）

この場合には、合併をしたのは債務者を兼ねる設定者である自分自身であるからです。

事例10

以下の事例において、「令和６年７月29日弁済」を原因とする根抵当権の抹消登記をすることができるか。

また、抹消登記をすることができるとした場合、前提登記としての元本確定登記は必要か。

なお、根抵当権者をＸ、設定者がＹ、債務者を㈱Ｚとする。

1．令和６年７月15日、債務者㈱Ｚは㈱甲に吸収合併された。

2．令和６年７月29日、㈱甲は根抵当権の元本の確定請求をした。

3．同日、㈱甲は根抵当権の債権の範囲に属する債務のすべてを弁済している。

答え 「令和６年７月29日弁済」を原因とする根抵当権の抹消登記はすることができません。

債務者からの確定請求という制度は存在しません。

事例11

以下の事例において、「令和６年９月２日弁済」を原因とする根抵当権の抹消登記をすることができるか。

また、抹消登記をすることができるとした場合、前提登記としての元本確定登記は必要か。

なお、根抵当権者をＸ、設定者がＹ、債務者を㈱Ｚとする。

根抵当権の設定日付は令和３年７月15日であり、元本確定期日の定めはないものとする。

1．令和６年７月15日、債務者㈱Ｚは㈱甲に吸収合併された。

2．令和６年８月17日、Ｙは根抵当権の元本の確定請求をした。（合併を理由とするものではない）

3．令和６年９月２日、㈱甲は根抵当権の債権の範囲に属する債務のすべてを弁済している。

答え 「令和６年９月２日弁済」を原因とする根抵当権の抹消登記をすることができます。

合併の日から１か月が経過しているので、設定者が民法398条の９第３項の確定請求をすることはできません。

しかし、根抵当権の設定の日から３年以上が経過しているので、設定者のＹは民法398条の19第１項の確定請求をすることができ、**請求から２週間経過の翌日**（令和６年９月１日）に根抵当権の元本は確定します。

なお、設定者が確定請求をしたかどうかは登記簿上あきらかではありませんから、弁済による抵当権抹消登記の前提登記としての元本確定登記は必要です。

事例 12

以下の事例において、「令和６年７月29日弁済」を原因とする根抵当権の抹消登記をすることができるか。

また、抹消登記をすることができるとした場合、前提登記としての元本確定登記は必要か。

なお、根抵当権者をＸ、㈱Ｙを債務者兼設定者とする。

根抵当権の設定日付は令和３年７月15日である。また、確定期日の定めはない。

1．令和６年７月15日、債務者㈱Ｙは㈱甲に吸収合併された。
2．令和６年７月29日、㈱甲は根抵当権の元本の確定請求をした。
3．同日、㈱甲は根抵当権の債権の範囲に属する債務のすべてを弁済している。

答え 「令和６年７月29日弁済」を原因とする根抵当権の抹消登記をすることができません。

債務者兼設定者について合併があっても、設定者が民法398条の９第３項本文の確定請求をすることはできません。（同項ただし書）

また、この事例では、㈱甲の確定請求時において根抵当権の設定日から３年が経過していますが、民法398条の19第１項の確定請求について、確定日付は請求から２週間経過後と規定されていますから、㈱甲の**弁済時**に根抵当権が確定していることはありえません。

◆参考条文◆

民法398条の９（根抵当権者又は債務者の合併）

１項　元本の確定前に根抵当権者について合併があったときは、根抵当権は、合併の時に存する債権のほか、合併後存続する法人又は合併によって設立された法人が合併後に取得する債権を担保する。

２項　元本の確定前にその債務者について合併があったときは、根抵当権は、合併の時に存する債務のほか、合併後存続する法人又は合併によって設立された法人が合併後に負担する債務を担保する。

３項　前２項の場合には、根抵当権設定者は、担保すべき元本の確定を請求することができる。ただし、前項の場合において、その債務者が根抵当権設定者であるときは、この限りでない。

４項　前項の規定による請求があったときは、担保すべき元本は、合併の時に確定したものとみなす。

５項　第３項の規定による請求は、根抵当権設定者が合併のあったことを知った日から２週間を経過したときは、することができない。合併の日から１か月を経過したときも、同様とする。

(10)　根抵当権者を分割会社とする会社分割があった場合（民法398条の10第１項）

根抵当権者が会社分割をした場合、根抵当権は原則として元本が確定することはありません（民法398条の10第１項）。

しかし、この場合、根抵当権設定者は、根抵当権の確定請求をすることができます（民法398条の10第３項、398条の９第３項）。

そして、適法な確定請求がなされると、根抵当権は**分割の時**に確定します。(民法398条の10第3項、398条の9第4項)

上記の確定請求をすることができるのは、以下の期間内に限られます。

1．設定者が、分割があったことを知った日から2週間。
2．分割の日から1か月。

なお、根抵当権者が会社分割をした場合に、設定者からの確定請求を可能とした民法の趣旨は、分割をした会社と設定者の間に人的なつながりがなくなる場合がありえるので、設定者が将来の取引についてまで担保提供をしなくてもよいように確定請求の機会を与えたものです。

事例13

以下の事例において、「令和6年7月29日弁済」を原因とする根抵当権の抹消登記をすることができるか。

また、抹消登記をすることができるとした場合、前提登記としての元本確定登記は必要であるか。

なお、根抵当権者を㈱X、㈱Yを債務者兼設定者とする。

1．令和6年7月15日、㈱甲が㈱Xに吸収分割をした。
2．令和6年7月29日、㈱Yは根抵当権の元本の確定請求をした。
3．同日、㈱Yは根抵当権の債権の範囲に属する債務のすべてを弁済している。

答え **「令和6年7月29日弁済」を原因とする根抵当権の抹消登記をすることができません。**

㈱Xは吸収分割により分割会社の**権利義務を承継する側**です。

つまり、会社分割をしたのは、㈱甲であり、㈱Xではないので、民法398条の10第1項の適用はありません。

(11) 債務者を分割会社とする会社分割があった場合（民法398条の10第2項）

債務者が会社分割をした場合には、根抵当権は原則として元本が確定することはありません。（民法398条の10第2項）

しかし、この場合、根抵当権設定者は、根抵当権の元本の確定請求をすることができます。（民法398条の10第3項、398条の9第3項）

そして、適法な確定請求がなされると、根抵当権は**分割の時**に確定します。（民法398条の10第3項、398条の9第4項）

上記の確定請求は、以下の期間のいずれかが経過すると、することができなくなります。（民法398条の10第3項、398条の9第5項）

1．設定者が、分割があったことを知った日から2週間。
2．分割の日から1か月。

なお、債務者が分割した場合に、設定者からの確定請求を可能とした民法の趣旨は、分割をした会社と設定者の間に人的なつながりがなくなる場合がありえるので、設定者が将来の取引についてまで担保提供をしなくてもよいように確定請求の機会を与えたものです。

したがって、**設定者が債務者でもある場合には、設定者からの確定請求は認められていません。**（民法398条の10第3項、民法398条の9第3項ただし書）

この場合には、分割をしたのは債務者を兼ねる設定者である自分自身であるからです。

(12) 債務者、根抵当権設定者が破産手続開始の決定を受けたとき（民法398条の20第1項4号）

破産手続開始の決定の時に根抵当権の元本が確定します。

しかし、この場合であっても、破産手続開始の決定の効力が消滅すれば、根抵当権の元本は確定しなかったものとみなされます。(民法398条の20第２項本文)

この場合、根抵当権は、債務者または設定者の破産手続の開始により、**受動的な立場**で根抵当権の元本が確定するわけですから、その手続の効力が失われれば、根抵当権の元本を確定したとする必要性はないわけです。

しかし、この場合であっても、根抵当権の元本が確定したものとしてその**根抵当権を取得した者**が現れた場合には、元本確定の効力が失われることはありません。(民法398条の20第２項ただし書)

たとえば、根抵当権の元本が確定したものとしてその被担保債権を譲り受けた者が、債務者または設定者の破産手続開始の決定の効力が失われたことにより、案に相違して根抵当権の取得ができないことになると、その者に損害を与えることになるからです。

債務者、根抵当権設定者が破産手続開始の決定を受けたために根抵当権の元本が確定した場合に、根抵当権の元本確定が登記簿上あきらかとなるケースは以下の場合です。

１．**根抵当権設定者**（自然人）について破産の登記がされた場合

根抵当権の**債務者**は、根抵当権の登記事項でしかありませんから、債務者破産の登記が裁判所から嘱託されることはありません。

したがって、債務者の破産手続開始の決定により根抵当権の元本が確定した場合には、根抵当権の元本確定が登記簿上あきらかとなることはありません。

また、設定者が法人の場合も、その所有する不動産に破産の登記が嘱託されることがないため、根抵当権の元本確定が登記簿上あきらかとなることはありません。

参考○元本確定登記の単独申請3

設定者または債務者が破産をしたケースで、根抵当権の元本確定登記と根抵当権移転登記を連件で申請する場合は、根抵当権者は、債務者または根抵当権設定者について破産手続開始の決定があったことを証する情報を提供して、根抵当権の元本確定登記を単独で申請することができます。（不動産登記法93条、不動産登記令7条1項6号、別表63添付情報欄）

…発展 共同根抵当権の元本確定…………………………

共同根抵当権の場合、共同担保である不動産のうち1個の不動産についてのみ確定事由が発生した場合でも、すべての不動産について根抵当権の元本が確定する。（民法398条の17第2項）

いま、A不動産と、B不動産が共同根抵当の対象物件になっているとする。

A不動産についてのみ確定期日の登記があり、その期日が到来していれば、AB双方の不動産に設定された根抵当権の元本が確定する。

この場合、A不動産については登記簿上元本確定があきらかであることは問題がない。

では、B不動産はどうだろうか？

結論をいうと、B不動産の元本確定は登記簿上あきらかであるとはいえない。

B不動産の登記簿だけを見た場合には、元本確定の事実が不明だからである。

そこで、このAB双方の不動産について、元本確定後でなければすることのできない登記を申請する場合には、B不動産についてのみ前提登記としての元本確定登記の申請を要する。

………………………………………………………………

…発展 債務者(株)Xの解散 ……………………………

根抵当権の債務者である会社が解散した場合に、元本が確定するという規定はない。したがって、不動産登記において登記事項が発生することはない。

また、一般論として、会社が解散したときに不動産登記において登記事項が発生することはない。

たとえば、㈱Xが所有権の登記名義人であったとしても、登記事項は何も発生しない。

……………………………………………………………………

第3節 元本確定前の根抵当権と元本確定後の根抵当権

根抵当権は、元本の確定の前後によって、登記申請が可能な事項と登記できない事項が分かれます。

本節では、この両者の区分と、登記手続上の問題点を解説します。

1．元本確定前に限り登記のできる事項

(1) 債権の範囲の変更

債権の範囲は、根抵当権によって担保される、根抵当権者と債務者間の取引の内容を確定する根抵当権の三大要素のひとつです。

いわゆる包括根抵当権、つまり、根抵当権者と債務者の間に発生する債権のすべてを担保するという根抵当権は禁止されています。

そこで、根抵当権によって担保される債権の範囲を決めておく必要があります。

以上の事情から、当然のことですが、債権の範囲の変更登記は根抵当権の元本確定前に限られます。

(2) 債務者の変更

債務者も根抵当権の三大要素のひとつです。根抵当権者と誰との

間の債権が担保されるのかを確定します。

一定の取引を前提に、その相手方を代えるのが債務者の変更登記ですから、この登記が元本の確定前に限られるのも当然のことです。

事例 14

以下の事例において、申請すべき登記は何か。

なお、根抵当権者はＸ、設定者をＹ、債務者をＺとする。

1．令和６年７月15日、ＸとＺの間で債権の範囲をＡ取引からＢ取引に変更する契約をした。

2．令和６年７月20日、ＸとＹの間で債務者を甲に変更する契約をした。

答え **以下の登記を申請します。**

登記の目的	何番根抵当権変更
原　因	令和６年７月20日変更
変更後の事項	債務者　甲
権利者	X
義務者	Y
添付書類	登記原因証明情報 登記識別情報 印鑑証明書　代理権限を証する情報
登録免許税	金1000円（不動産１個につき）

債権の範囲、債務者は、いずれも、**根抵当権者と設定者の契約**により変更します。

債務者は、根抵当権の単なる登記事項であり、所有権等の権利の主体ではありませんから、これらの変更契約に登場する余地がありません。

参考○物権の世界と債権の世界

前記のように、根抵当権者と設定者の合意によって債務者を変更することができます。たとえ従前の債務者がイヤだといってもすることができます。

これは、物権の世界の話であって、所有権や根抵当権といった物権をもたない人物が登場することがない世界なのです。

これに対して、たとえば、設定者と債務者間の債権債務関係という意味では問題が生じます。

設定者と債務者の間に保証委託契約が存在するとしましょう。債務者が設定者に対して物上保証人になってくださいと依頼し、設定者がこれを受諾したわけです。

にもかかわらず、設定者が債務者の変更を無断で行えばどうなるでしょうか。

もちろんこれは設定者の債務不履行ですから、民法415条の債務不履行責任を生じます。

しかし、これは、あくまでも債権の世界の話であり、物権の世界の話とは領域がまったく異なる話であるといえます。

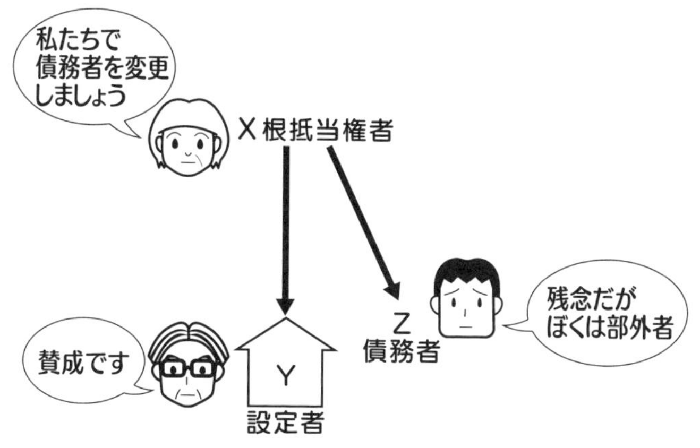

「根抵当権の設定、変更契約の当事者はXYである」

事例 15

以下の事例において、申請することのできる登記は何か。

なお、根抵当権者をX、設定者がY、債務者をZとする。

1．令和6年7月15日、XとYの間で債権の範囲をA取引からB取引に変更する契約をした。

2．令和6年7月20日、XとYの間で債務者を甲に変更する契約をした。

3．令和6年7月30日に、Zが破産手続開始の決定を受けた。

答え 以下の登記です。

登記の目的	何番根抵当権元本確定
原　因	令和6年7月30日確定

根抵当権の債権の範囲、債務者の変更は、いずれも元本の確定前にすることができます。（民法398条の4第1項）

そして、この変更を**元本の確定前に登記をしなかったときは**、その変更をしなかったものとみなされます。（民法398条の4第3項）

したがって、上記の事例では、債権の範囲の変更、債務者の変更は、いずれもその変更はしなかったものとみなされることになります。

◆参考条文◆

民法398条の4（根抵当権の被担保債権の範囲及び債務者の変更）

1項　元本の確定前においては、根抵当権の担保すべき債権の範囲の変更をすることができる。債務者の変更についても、同様とする。

3項　第1項の変更について元本の確定前に登記をしなかったときは、その変更をしなかったものとみなす。

事例 16

以下の事例において、甲が破産手続開始の決定を受けた。Xの根抵当権の元本は確定しているか。

なお、A不動産とB不動産は共同担保である。

A不動産の登記簿（A登記所管轄）

権　利　部　（乙区）　（所有権以外の権利に関する事項）			
順位番号	登記の目的	受付年月日・受付番号	権利者その他の事項
1	根抵当権設定	令和６年７月18日 第20021号	原因　令和６年７月18日設定 極度額　金5000万円 債権の範囲　金銭消費貸借取引 債務者　甲 根抵当権者　X
付記１号	１番根抵当権担保追加	余白	共同担保目録(あ) 120号 令和６年７月30日付記

B不動産の登記簿（B登記所管轄）

権　利　部　（乙区）　（所有権以外の権利に関する事項）			
順位番号	登記の目的	受付年月日・受付番号	権利者その他の事項
1	根抵当権設定	令和６年７月28日 第21001号	原因　令和６年７月18日設定 極度額　金5000万円 債権の範囲　金銭消費貸借取引 債務者　甲 根抵当権者　X 共同担保目録(い) 250号
付記１号	１番根抵当権変更	令和６年12月18日 第30011号	原因　令和６年12月18日変更 変更後の事項 債務者　乙

答え **根抵当権の元本は確定しています。**

共同根抵当権の債権の範囲、債務者もしくは極度額の変更、またはその譲渡もしくは一部譲渡は、その根抵当権が設定されているす**べての不動産について登記**をしなければ、その効力が生じません。（民法398条の17第１項）

上記の事例では、乙への債務者の変更の効力が発生する前に、債務者甲が破産手続開始の決定を受けることによって、元本の確定事由が発生したので、A不動産、B不動産に設定された根抵当権はその双方が元本確定します。

◆参考条文◆

民法398条の17（共同根抵当の変更等）

1項　前条の登記［共同担保の登記］がされている根抵当権の担保すべき債権の範囲、債務者若しくは極度額の変更又はその譲渡若しくは一部譲渡は、その根抵当権が設定されているすべての不動産について登記をしなければ、その効力を生じない。

2項　前条の登記がされている根抵当権の担保すべき元本は、1個の不動産についてのみ確定すべき事由が生じた場合においても、確定する。

(3) 確定期日の変更

確定期日の変更登記は、**元本確定前**に限られます。

登記簿上の元本確定期日が到来すれば、根抵当権の元本は確定します。

いったん確定した根抵当権を確定前の状態に戻す手段はありません。

→事例**1**参照。

(4) 根抵当権の全部譲渡、分割譲渡、一部譲渡、共有者の権利移転

上記はいずれも、**確定前の根抵当権を処分する方法**です。

元本確定前の根抵当権は、民法376条1項の規定による処分をすることができません。（ただし転抵当を除く）

できないとされるのは、以下の処分です。

1．抵当権の譲渡
2．抵当権の放棄
3．抵当権の順位譲渡
4．抵当権の順位放棄

そこで、上記の４つの手段に代わって、根抵当権の全部譲渡、分割譲渡、一部譲渡、共有者の権利移転の手段が法定されています。

【共有抵当権の譲渡の可否】（ＸＹ共有根抵当権をＺに譲渡する場合）

譲渡の方法	可　否	譲渡後の根抵当権者
ＸＹ共同で譲渡	○	Ｚ
ＸＹ共同で分割譲渡	○	ＸＹ(あ)根抵当権 Ｚ(い)根抵当権
ＸＹ共同で一部譲渡	○	ＸＹＺ（共有）
Ｘが譲渡	○	ＹＺ（共有）
Ｘが分割譲渡	×	
Ｘが一部譲渡	×	

事例17

以下のそれぞれの事例において、申請することのできる登記はあるか。

なお、２番根抵当権の元本はまだ確定していない。

1．1番抵当権者Ａが２番根抵当権者Ｂに、令和６年７月15日、抵当権の順位を放棄した。

2．1番抵当権者Ａと２番根抵当権者Ｂは、1番と２番の順位を入れ替えるため、令和６年７月15日、順位の変更契約をした。なお、利害関係人はいない。

答え 以下の登記を申請することができます。

1について

登記の目的	１番抵当権の２番根抵当権への順位放棄
原　因	令和６年７月15日順位放棄
権利者	B
義務者	A
添付書類	登記原因証明情報 登記識別情報 代理権限を証する情報
登録免許税	金1000円（不動産１個につき）

確定前の根抵当権は、順位の放棄をすることはできませんが、順位の放棄を受けることはできます。

2について

登記の目的	１番、２番順位変更
原　因	令和６年７月15日合意
変更後の順位	第１　２番根抵当権 第２　１番抵当権
申請人	ＡＢ
添付書類	登記原因証明情報 登記識別情報 代理権限を証する情報
登録免許税	金2000円（不動産１個につき）

順位変更は、根抵当権の元本確定の前後を問わずにすることができます。

●参考○順位変更の登記における変更後の順位の書き方

① 上記の事例で２つの抵当権を同順位とする場合

変更後の順位　第１　１番抵当権　２番根抵当権

② 以下の順で登記がされている場合に抵当権の順位を入れ替える変更登記の場合

乙区

１番　抵当権設定

２番　抵当権設定

３番　２番抵当権抹消

４番　抵当権設定

変更後の順位　第１　４番抵当権

第２　１番抵当権

なお、このケースの「登記の目的」は、「１番４番順位変更」です。

事例 18

以下の事例において、申請することのできる登記は何か。

なお、根抵当権者がX、設定者がY、債務者をZ（相続人はA）とする。

登記申請日は、令和６年10月20日である。

1．令和６年７月20日、Zが死亡した。

2．令和６年10月20日、Xは甲に根抵当権を分割譲渡した。

答え 以下の登記が申請できます。

登記の目的	何番根抵当権変更
原　因	令和６年７月20日相続
変更後の事項	債務者（被相続人Z）　A

第1章　根抵当権

事例の根抵当権は、債務者の死亡により、死亡後6か月が経過すれば元本が確定するが、その間に、指定債務者の合意の登記をすれば元本が確定しないという**不安定な状況**にあります。

したがって、合意の登記のない限り、元本確定前に限りすることのできる登記の申請は不可能です。

事例19

以下の事例において、Aの死亡による根抵当権の変更登記をした後に、「令和6年10月20日譲渡」を原因とする根抵当権の移転登記の申請をすることは可能か。

なお、根抵当権者はX、設定者をY、債務者をAおよびBとする。

登記申請日は、令和6年10月20日である。

1. 令和6年7月20日、Aが死亡した。
2. 令和6年10月20日、Xは甲に根抵当権を譲渡した。Yは同日譲渡についての承諾をした。

答え **可能です。**

債務者Aは死亡しましたが、債務者Bがいるので、この根抵当権はAの死亡後6か月が経過しても**元本が確定**することはありません。

XとBとの取引等による債権の発生と消滅が継続するためです。

事例20

以下の事例において、「令和6年7月15日一部譲渡」を原因とする根抵当権の一部移転登記の申請をすることは可能か。

なお、根抵当権者をXY、設定者をZとする。

根抵当権の元本は確定していない。

1. 令和6年7月15日、Xが甲に根抵当権を一部譲渡した。Zは同日一部譲渡についての承諾をした。

答え 登記申請はすることができません。

確定前の根抵当権の共有者の地位は、全部譲渡のみが可能であり、一部譲渡・分割譲渡はいずれもすることができません。

●［再掲］

【共有抵当権の譲渡の可否】（ＸＹ共有根抵当権をＺに譲渡する場合）

譲渡の方法	可否	譲渡後の根抵当権者
ＸＹ共同で譲渡	○	Ｚ
ＸＹ共同で分割譲渡	○	ＸＹ（あ）根抵当権 Ｚ（い）根抵当権
ＸＹ共同で一部譲渡	○	ＸＹＺ（共有）
Ｘが譲渡	○	ＹＺ（共有）
Ｘが分割譲渡	×	
Ｘが一部譲渡	×	

参考○根抵当権の全部譲渡、分割譲渡、一部譲渡、共有者の権利移転の登記申請書の書き方

（いずれも譲渡人を甲、譲受人を乙とする）

1．根抵当権の全部譲渡

登記の目的	何番根抵当権移転
原　因	令和何年何月何日譲渡
権利者	乙
義務者	甲
添付書類	登記原因証明情報
	登記識別情報
	承諾を証する情報＊　代理権限を証する情報
登録免許税	極度額の2/1000

＊設定者の承諾書等

この登記をすることにより根抵当権者は乙となります。

2．根抵当権の一部譲渡

登記の目的	何番根抵当権一部移転
原　因	令和何年何月何日一部譲渡
権利者	乙
義務者	甲
添付書類	登記原因証明情報
	登記識別情報
	承諾を証する情報*　代理権限を証する情報
登録免許税	極度額の1/2の2/1000

＊設定者の承諾書等

この登記をすることにより根抵当権は甲乙の共有となります。

根抵当権一部譲渡後の変更登記

上記根抵当権の債務者がX、債権の範囲が甲取引である場合、根抵当権の一部譲渡後に、乙についての債務者をY、債権の範囲を乙取引に変更する場合の登記申請書を紹介します。

登記の目的	何番根抵当権変更	
原　因	令和何年何月何日変更	
変更後の事項	債務者	根抵当権者甲につきX
		根抵当権者乙につきY
	債権の範囲	根抵当権者甲につき甲取引
		根抵当権者乙につき乙取引
権利者	甲乙	
義務者	丙（設定者）	
添付書類	登記原因証明情報	
	登記識別情報	
	印鑑証明書　代理権限を証する情報	

登録免許税　　金1000円（不動産１個について）

急所は、**権利者が甲乙の双方**である点です。

共有物の変更（民法251条１項）にあたるからと説明されます。

◆参考条文◆

民法251条（共有物の変更）

１項　各共有者は、他の共有者の同意を得なければ、共有物に変更（その形状又は効用の著しい変更を伴わないものを除く。次項において同じ。）を加えることができない。

３．根抵当権の分割譲渡

登記の目的	何番根抵当権分割譲渡
原　因	令和何年何月何日分割譲渡
（根抵当権の表示）	
令和何年何月何日受付第○号	
原　因	令和何年何月何日設定
極度額	金何円（分割後の原根抵当権の極度額 金何円）
債権の範囲	何取引
債務者	A
権利者	乙
義務者	甲
添付書類	登記原因証明情報
	登記識別情報
	承諾を証する情報*　代理権限を証する情報
登録免許税	分割譲渡する極度額の2/1000

＊設定者のほか、転抵当権者等根抵当権を目的とする権利を持つ者がいればその者の承諾書等

この登記をすることにより、根抵当権は根抵当権者をそれぞれ甲、乙とする別個独立の２つの根抵当権となります。

順位番号は、甲の根抵当権が何番(あ)、乙の根抵当権が何番(い) となります。

４．根抵当権の共有者の権利移転

(甲X共有根抵当権について甲が乙に根抵当権を全部譲渡する場合)

登記の目的	何番根抵当権共有者甲の権利移転
原　因	令和何年何月何日譲渡
権利者	乙
義務者	甲
添付書類	登記原因証明情報 登記識別情報 承諾を証する情報*　同意を証する情報* 代理権限を証する情報
登録免許税	極度額の1/2の2/1000

＊設定者の承諾書等とXの同意書等

この登記をすることにより根抵当権はX乙の共有となります。

参考○優先の定め

共有根抵当権の優先の定めは、元本確定前に限りすることができます。(民法398条の14第１項ただし書)

◆参考条文◆

民法398条の14（根抵当権の共有）

１項　根抵当権の共有者は、それぞれその債権額の割合に応じて弁済を受ける。ただし、元本の確定前に、これと異なる割合を定め、又はある者が他の者に先立って弁済を受けるべきことを定めたときは、その定めに従う。

なお、上記のただし書は、優先の定めの合意を元本確定前にしろとはいっていますが、元本確定前に登記をしろとはいっていません。

だから、元本確定前に合意をしていれば、元本確定後に優先の定めの登記はすることができるという趣旨の出題がされたことがあります。

2. 元本確定後に限り登記のできる事項

(1) 債務引受を原因とする債務者の変更登記

元本確定後においては、抵当権の場合と同様に、債務引受による変更登記をすることができるようになります。

(2) 更改を原因とする変更登記

元本の確定前に債権者または債務者の更改があったときは、その当事者は、根抵当権を更改後の債務に移すことができません。(民法398条の7第4項)

しかし、元本確定後においては、抵当権の場合と同様に、債権者交替または債務者交替による更改を原因とする変更登記をすることができるようになります。

(3) 根抵当権の譲渡・放棄、根抵当権の順位譲渡・順位放棄

いずれも、元本確定後においてのみ可能な登記です。

(4) 根抵当権の減額請求

元本の確定後において、**設定者**は、根抵当権の極度額を、現に存する債務の額と以後2年間に生じるべき利息その他の定期金および債務の不履行による損害賠償の額とを加えた額に減額することを請求することができます。(民法398条の21第1項)

この権利は、形成権であり、根抵当権者への意思表示の到達をもって効力が発生します。

たとえば、極度額5000万円の根抵当権が、被担保債権の総額が金1000万円で確定した場合には、いつまでも5000万円の極度額の根抵当権が登記簿上に残ることは設定者にとって気の毒であるため、減額請求が認められています。

なお、以上の制度趣旨から、確定前の根抵当権について減額請求を認めることができないのは、ごく当然のことであるといえます。

根抵当権者と債務者の取引が継続し、まだ新しい被担保債権が発生するかもしれない段階で減額請求を認めれば、根抵当権者に不測の損害を与えるおそれがあることがあきらかだからです。

◆参考条文◆

民法398条の21（根抵当権の極度額の減額請求）

1項　元本の確定後においては、根抵当権設定者は、その根抵当権の極度額を、現に存する債務の額と以後２年間に生ずべき利息その他の定期金及び債務の不履行による損害賠償の額とを加えた額に減額することを請求することができる。

2項　第398条の16の登記がされている根抵当権の極度額の減額については、前項の規定による請求は、そのうちの１個の不動産についてすれば足りる。

民法398条の16の登記とは、共同担保たる旨の登記のこと（つまり、共同根抵当権の場合）です。

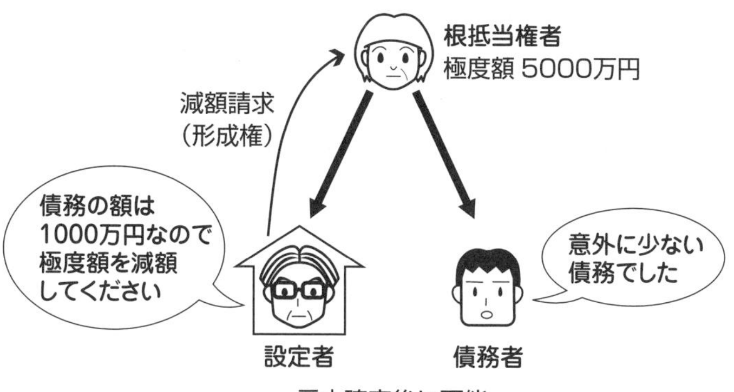

事例21

以下の事例において、「令和６年７月15日減額請求」を原因とする根抵当権の極度額の変更登記の申請をすることは可能か。

なお、根抵当権者をＸ、設定者がＹ、債務者をＺとする。

本事例の根抵当権の被担保債権は極度額を下回る金額で確定している。

1．令和６年７月15日、Ｚは根抵当権の減額請求をした。

答え **登記申請はできません。減額請求は、設定者の担保負担を軽減するための制度ですから、債務者には権利が認められていません。**

第1章 根抵当権

事例22

以下の事例において、「令和６年７月15日減額請求」を原因とする根抵当権の極度額の変更登記の申請をすることは可能か。

なお、根抵当権者はＸ、Ｙを債務者兼設定者とする。

本事例の根抵当権の被担保債権は極度額を下回る金額で確定している。

1．令和６年７月15日、Ｙは根抵当権の減額請求をした。

答え **以下の登記を申請することができます。**

登記の目的	何番根抵当権変更
原　因	令和６年７月15日減額請求
変更後の事項	極度額　金○円
権利者	Ｙ
義務者	Ｘ
添付書類	登記原因証明情報 登記識別情報 代理権限を証する情報
登録免許税	金1000円（不動産１個につき）

※登記簿上元本確定があきらかでなければ、上記の登記の前提登記として元本確定登記を要する。

債務者兼設定者が減額請求をすることはできます。

もともと、現存する債務の額自体が少ないので、極度額を減額するのはそれほど厚かましい行為ではありません。

ですから、債務者兼設定者による減額請求を禁じる規定はありません。

(5) 根抵当権の消滅請求

根抵当権の消滅請求は、減額請求とは逆の事例において、問題となります。

つまり、根抵当権の元本が確定し、その確定した債務の額が極度額を上回る場合です。

この場合に、一定の人物が、根抵当権者に極度額に相当する金額を払渡し（または供託）して、根抵当権の消滅請求をすることができます。

さて、この問題を根抵当権者の側から考えてみましょう。

仮に、根抵当権者が抵当不動産を競売したとしても、競売代金の中から優先弁済を受けられる金額は極度額に限られます。

そして、競売手続の中で根抵当権は裁判所書記官からの嘱託により抹消される運命にあります。

したがって、その残余の額については、一般債権者として債務名義を取得したうえで、強制執行をして回収するしかほかに方法がありません。

もともと、根抵当権者は上記のような立場にありますから、競売手続によらずして極度額のすべてを任意に支払ってくれる人物が現れることは、根抵当権者には**とてもありがたい話**なのです。

そのため、根抵当権の消滅請求権は、以下に掲げるように、かなり**広い範囲の者**に認められています。（民法398条の22第１項）

1．物上保証人（他人の債務を担保するためその根抵当権を設定した者）
2．抵当不動産の第三取得者
3．抵当不動産について地上権を取得した第三者
4．抵当不動産について永小作権を取得した第三者
5．抵当不動産について第三者に対抗することができる賃借権を

取得した第三者

根抵当権の消滅請求をすることができないのは以下の者です。（民法398条の22第３項、380条、381条）

1．主たる債務者
2．保証人
3．上記の者の承継人
4．停止条件の成否未定の抵当不動産の停止条件付第三者取得者

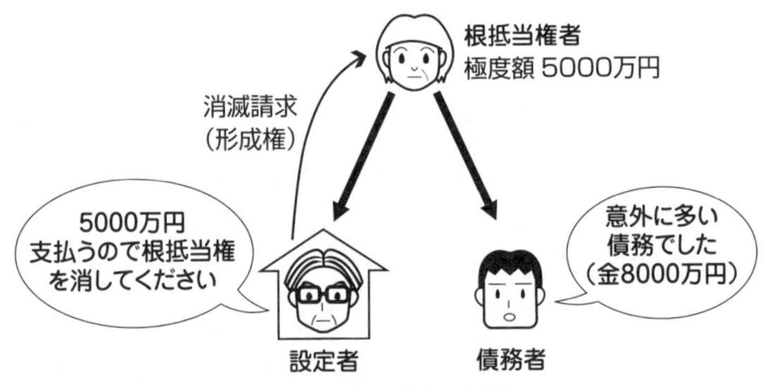

◆参考条文◆

民法398条の22（根抵当権の消滅請求）

1項　元本の確定後において現に存する債務の額が根抵当権の極度額を超えるときは、他人の債務を担保するためその根抵当権を設定した者又は抵当不動産について所有権、地上権、永小作権若しくは第三者に対抗することができる賃借権を取得した第三者は、その極度額に相当する金額を払い渡し又は供託して、その根抵当権の消滅請求をすることができる。この場合において、その払渡し又は供託は、弁済の効力を有する。

2項　第398条の16の登記がされている根抵当権は、１個の不動産について前項の消滅請求があったときは、消滅する。

3項　第380条及び第381条の規定は、第１項の消滅請求について準用する。

・民法380条の規定とは、主債務者、保証人およびこれらの者の承継人が消滅請求をすることができないという規定。
・民法381条の規定とは、停止条件付の第三取得者は停止条件の成否未定の間は消滅請求をすることができないという規定。

事例23

以下の各場合において、「令和6年7月15日消滅請求」を原因とする根抵当権の抹消登記の申請をすることは可能か。

また、根抵当権の抹消登記の申請ができない場合に、なんらかの登記事項が発生することがあるか。

なお、根抵当権者はX、設定者をY、債務者を甲、保証人を乙とする。

本事例の根抵当権の被担保債権の額は極度額（金5000万円）を上回る金額（金8000万円）で確定している。

1．令和6年7月15日、YがXに金5000万円を払い渡し、根抵当権の消滅請求をした。
2．令和6年7月15日、甲がXに金5000万円を払い渡し、根抵当権の消滅請求をした。
3．令和6年7月15日、乙がXに金5000万円を払い渡し、根抵当権の消滅請求をした。

答え 1について

元本の確定後に適法な消滅請求がされました（Yは物上保証人です）ので、以下のとおりの根抵当権の抹消登記の申請が可能です。

登記の目的	何番根抵当権抹消
原　因	令和6年7月15日消滅請求
権利者	Y

義務者	X
添付書類	登記原因証明情報 登記識別情報 代理権限を証する情報
登録免許税	金1000円（不動産１個につき）

※登記簿上元本確定があきらかでなければ、上記の登記の前提登記として元本確定登記を要する。

２について

根抵当権の抹消登記はすることができません。

債務者である甲には、金8000万円の支払義務があります。

債務の履行をせずに消滅請求をするのは厚かましいので認められません。

３について

根抵当権の抹消登記はすることができません。

保証人である乙には、金8000万円の支払義務があります。

債務の履行をせずに消滅請求をするのは厚かましいので認められません。

ただし、３の事例においては別の登記事項が発生します。

元本の確定後の根抵当権について、保証人が代位弁済をしたのですから、以下の登記事項が発生します。

登記の目的	何番根抵当権一部移転
原　因	令和６年７月15日一部代位弁済
弁済額	金5000万円
権利者	乙
義務者	X

添付書類	登記原因証明情報
	登記識別情報
	代理権限を証する情報
登録免許税	金10万円（5000万円×2/1000）

※登記簿上元本確定があきらかでなければ、上記の登記の前提登記として元本確定登記を要する。

コラム 物上保証人と保証人の違い

物上保証人の地位は、**債務なき責任**と表現される。

物上保証人は、債権者に対して債務は負っていない。

ただ、主債務者が債務の弁済をしなかった場合に、自らの不動産を競売にかけられ、そこから極度額の範囲で債権者への責任を負うことになる。

したがって、その責任を果たす（極度額の払渡しまたは供託）のであれば、消滅請求を認めてもよいことになる。

これに対して、保証人の地位は、債務も責任もある。

保証人と債権者の間には「保証契約」が存在するからである。

したがって、保証人が、自らの債務（金8000万円）を果たさずに根抵当権を消滅せよということは厚かましいから認められない。

物上保証人と保証人の、以上の立場の違いを、物上保証人の責任は有限責任であるが、保証人の責任は無限責任であると表現することもある。

事例24

以下の事例において、「令和６年７月15日消滅請求」を原因とする根抵当権の抹消登記の申請をすることは可能か。

なお、根抵当権者はX、Yを債務者兼設定者とする。

本事例の根抵当権の被担保債権の額は極度額（金5000万円）を上回る金額（金8000万円）で確定している。

1．令和６年７月15日、YがXに金5000万円を払い渡し、根抵当権の消滅請求をした。

答え 根抵当権の抹消登記を申請することはできません。

Yは債務者ですから、法律上、金8000万円の支払義務があります。

この義務を果たさずに、根抵当権を消滅させることができるはずがありません。

民法398条の22第３項が準用する民法380条は、**主債務者は消滅請求をすることができない**と明記していますから、債務者兼設定者からの根抵当権の消滅請求は否定されます。

3．元本の確定の前後を問わずにすることができる登記

(1) 極度額の変更

極度額は根抵当権の三大要素のひとつです。

根抵当権の極度額の変更は、利害関係を有する者の承諾を得なければ、することができません。（民法398条の５）

しかし、元本の確定の前後は問いません。

(2) 転抵当

根抵当権者は、元本確定の前後を問わず、その根抵当権を他の債権の担保に供すること（転抵当等）ができます。（民法398条の11第１項ただし書）

なお、根抵当権の被担保債権についての質権の設定・差押えの登

記も、転抵当と同様、元本確定の前後を問わずにすることができる登記です。

(3) 順位の変更

順位変更の登記も、元本の確定の前後を問いません。

→事例**17** 2参照。

第4節 根抵当権と会社分割

まず、会社分割と不動産登記の関係を一般論として考察します。

会社分割には2つの方法があります。

A社とB社がもともと存在する場合に、A社がその事業に関して有する権利義務の全部または一部をB社に承継させるパターンが吸収分割です。

A社を吸収分割会社、B社を吸収分割承継会社といいます。

甲社だけが存在する場合に、乙社を設立し、甲社がその事業に関して有する権利義務の全部または一部を乙社に承継させるパターンが新設分割です。

甲社を新設分割会社、乙社を新設分割設立会社といいます。

ここでは、A社がB社に吸収分割するケースを考えてみましょう。

この場合に、不動産登記の問題として、登記申請を要することになるのは、**A社の権利義務のみ**です。

たとえば、A社が保有する不動産の所有権、A社がもつ債権を担保するための抵当権等がその代表例です。

また、A社が抵当権の債務者として登記されている場合には、債務者の変更登記を要することも考えられます。

しかし、会社分割の場合には、合併の消滅会社の場合とは異なり、これらの権利義務について必ず登記事項が発生するとは言い切れません。

たとえば、A社がある不動産（甲不動産と乙不動産）を所有しており、その旨の登記がされていると考えましょう。

この場合に、乙不動産はB社に承継される事業に関する権利に含まれますが、甲不動産はこれに含まれず、会社分割の前後をとおしてA社の所有であることに変化がないとしましょう。

そうすると、この場合に会社分割による所有権移転登記をすることを要するのは乙不動産のほうだけであり、甲不動産にはなんらの登記事項も発生しません。

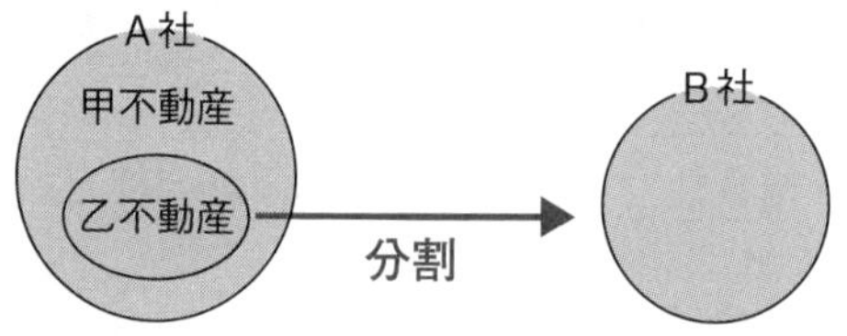

・乙不動産のみB社への移転登記をする。
・登記原因は「年月日会社分割」。

同じことは、所有権以外の権利についてもいえます。

たとえば、抵当権では、その被担保債権が、会社分割の後にどちらの会社に属するのかが問題であり、仮に、吸収分割会社であるA社に被担保債権が属するのであれば登記は何もする必要がありません。

しかし、被担保債権が分割後にB社に承継されるのであれば、会社分割を登記原因として抵当権の移転登記を要することになります。

ちなみに、上記に挙げた乙不動産に関する所有権移転登記の申請書の内容を紹介します。

登記の目的	所有権移転
原　因	令和何年何月何日会社分割
権利者	株式会社Ｂ （会社法人等番号0000-00-000000） 代表取締役　何某
義務者	株式会社Ａ （会社法人等番号0000-00-000000） 代表取締役　何某
添付書類	登記原因証明情報＊1 登記識別情報＊2 印鑑証明書　住所を証する情報 会社法人等番号　代理権限を証する情報
登録免許税	不動産価額の20/1000

＊1　登記原因証明情報として、会社分割の記載のある吸収分割承継会社の商業登記の登記事項証明書と分割契約書（新設分割の場合には分割計画書）を提供する。

登記事項証明書は、会社分割をしたことを証明し、分割契約書は、乙不動産がＡ社からＢ社に承継される財産に属していることを証明する。

なお、会社法人等番号の提供により、登記事項証明書に代えることができる場合もある。

＊2　会社分割の登記は共同申請によって行うので、登記識別情報（または登記済証）の提供または添付を要する。

さて、以上の原則論をもとに、**確定前の根抵当権に特有の問題点**を挙げます。

確定前の根抵当権者㈱Ａが㈱Ｂに会社分割をした場合、根抵当権の担保する債権は、はたして㈱Ａと債務者との取引により発生する債権なのか、それとも、㈱Bと債務者との取引により発生する債権なのでしょうか。

この点についても、分割契約書（または、分割計画書）の内容によって異なるとも考えられるのですが、いまだ特定の債権と担保権との結びつきが生じていない確定前の根抵当権については、根抵当権者に不測の損害を与えるおそれをなくすためという立法趣旨で、民法は、**もっとも広い範囲**の債権を担保するという結論を採用しました。

つまり、確定前の根抵当権者について会社分割があった場合には、**分割契約書（または、分割計画書）の内容にかかわらず**、㈱Aと債務者、㈱Bと債務者の間の取引により生じる分割後の債権（債権の範囲に属するもの）を、**根抵当権はすべて担保する**こととしたのです。

以下にその根拠条文を挙げます。

民法398条の10（根抵当権者又は債務者の会社分割）

1項　元本の確定前に根抵当権者を分割をする会社とする分割があったときは、根抵当権は、分割の時に存する債権のほか、分割をした会社及び分割により設立された会社又は当該分割をした会社がその事業に関して有する権利義務の全部又は一部を当該会社から承継した会社が分割後に取得する債権を担保する。

この民法の規定により、根抵当権者が会社分割をした場合には、分割契約書（または、分割計画書）の記載内容とはかかわりなく、一律に根抵当権は分割会社㈱Aと、その権利義務を承継する㈱Bの共有根抵当権となります。

根抵当権者である㈱Aが㈱Bに吸収分割をした場合の登記申請書の記載例は、以下のとおりとなります。

登記の目的	何番根抵当権一部移転
原　因	令和何年何月何日会社分割
権利者	株式会社Ｂ （会社法人等番号0000-00-000000） 代表取締役　何某
義務者	株式会社Ａ （会社法人等番号0000-00-000000） 代表取締役　何某
添付書類*	登記原因証明情報 登記識別情報 会社法人等番号　代理権限を証する情報
登録免許税	極度額の1/2の2/1000

＊会社分割について設定者が承諾するということは実体法上ありえない事態なので、設定者の承諾書は不要。

参考○根抵当権者がする会社分割の後続論点

根抵当権設定者からの元本確定請求の問題が生じる可能性があります。

次に、確定前の根抵当権については、債務者が会社分割をした場合にも同様の問題点が発生します。

確定前の根抵当権の債務者である㈱Ａが㈱Ｂに会社分割をした場合、分割後に根抵当権の担保する債権は、はたして根抵当権者と債務者㈱Ａとの取引により発生する債権なのか、それとも、債務者㈱Ｂとの取引により発生する債権なのかという問題です。

この点についても、民法は、根抵当権者に不測の損害を与えるおそれをなくすためという立法趣旨から、**もっとも広い範囲**の債権を担保するという結論を採用しました。

つまり、確定前の根抵当権の債務者について会社分割があった場合にも、分割後に根抵当権者と債務者㈱Ａとの取引により発生する債権と債務者㈱Ｂとの取引により発生する債権（債権の範囲に属するもの）を、**根抵当権はすべて担保すること**としています。

以下にその根拠条文を挙げます。

民法398条の10（根抵当権者又は債務者の会社分割）

２項　元本の確定前にその債務者を分割をする会社とする分割があったときは、根抵当権は、分割の時に存する債務のほか、分割をした会社及び分割により設立された会社又は当該分割をした会社がその事業に関して有する権利義務の全部又は一部を当該会社から承継した会社が分割後に負担する債務を担保する。

この民法の規定により、債務者が会社分割をした場合には、根抵当権の債務者は、分割会社㈱Ａとその権利義務を承継する㈱Ｂの双方となります。

この場合の登記申請書の記載例は、以下のとおりとなります。

なお、根抵当権者をＸ、設定者をＹとします。

登記の目的	何番根抵当権変更
原　因	令和何年何月何日会社分割
変更後の事項	債務者　㈱Ａ　㈱Ｂ
権利者	Ｘ
義務者	Ｙ
添付書類	登記原因証明情報
	登記識別情報
	印鑑証明書　代理権限を証する情報
登録免許税	金1000円（不動産１個について）

参考○債務者がする会社分割の後続論点

根抵当権設定者からの元本確定請求の問題が生じる可能性があります。

ただし、債務者兼設定者が会社分割をした場合には、会社分割を理由として設定者が確定請求をすることはできません。

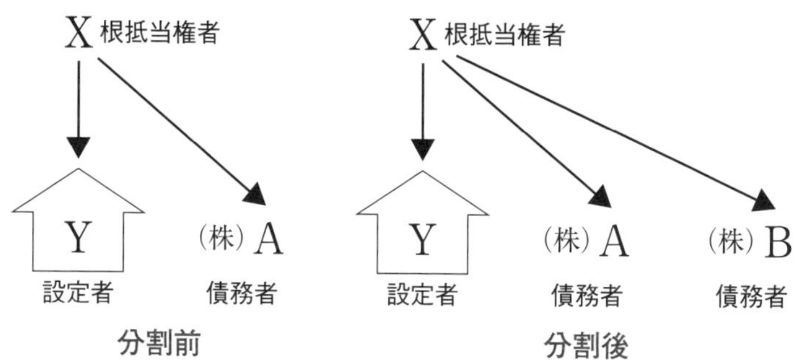

・根抵当権の担保する取引等が二本立てとなる。
・会社分割の法定効果であり、分割契約書（または分割計画書）の内容のいかんを問わない。

第2章

抵当権

第1節 抵当権の変更

抵当権については、受験者にはおなじみの代表的な3つの変更登記が存在します。それぞれを、以下の事例によって確認しておきましょう。

1．何番抵当権の効力を所有権全部に及ぼす変更
2．何番抵当権を何某持分の抵当権とする変更
3．何番抵当権変更（抵当権の準共有者の1人に対する弁済）

事例25

以下の事例において、いかなる登記の申請が可能か。

甲区　2番　所有権移転　令和3年受付　共有者　持分2分の1 A
　　　　　　　　　　　　　　　　　　　　　　　2分の1 B
　　　3番　B持分全部移転　令和6年受付　所有者　持分2分の1 A
乙区　1番　A持分抵当権設定　令和3年受付
　　　　　原因　令和3年5月1日金銭消費貸借同日設定
　　　　　　　　　　　　債権額　金1000万円
　　　　　　　　　　　　債務者　A
　　　　　　　　　　　　抵当権者　X

1．Xは、甲区3番でAが新たに取得した持分について、Aとの間で、令和6年7月15日に、乙区1番で登記された抵当権を追加設定する契約をした。

答え 以下の登記を申請します。

登記の目的	１番抵当権の効力を所有権全部に及ぼす変更 (付記)
原　因	令和３年５月１日金銭消費貸借 令和６年７月15日設定
権利者	X
義務者	A
添付書類	登記原因証明情報 登記識別情報* 印鑑証明書　代理権限を証する情報
登録免許税	金1500円（登録免許税法第13条第２項） （不動産１個について）

＊Aが甲区３番でB持分を取得した際のもの

抵当権の効力を及ぼす変更は、変更登記と追加設定登記を合成したものです。

1．変更登記なのに変更後の事項の登記をしない。
→登記事項はすでに乙区１番で登記されているから。

2．変更登記なのに登記原因が設定である。
→実質は追加設定だから。

3．変更登記なのに登録免許税が不動産１個につき1500円である。
→実質は追加設定だから。

4．利害関係人がいる場合、承諾書の添付をすれば登記は付記登記で実行されるが、承諾書の添付をしなければ登記は主登記で実行される。
→あくまでも変更登記だから。

【「及ぼす変更」のパターン】

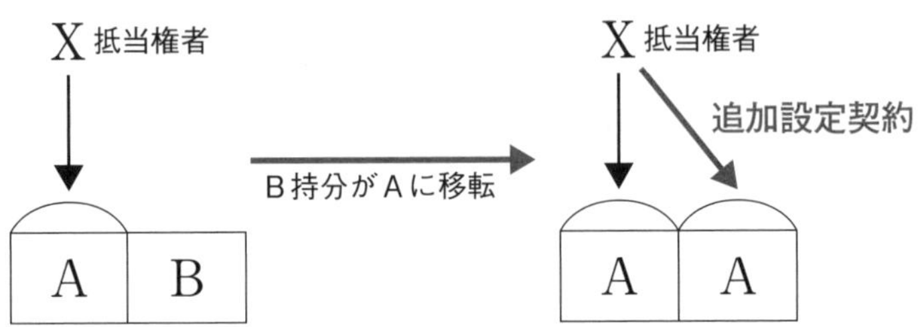

参考○何番抵当権をA持分全部に及ぼす変更

ある不動産の共有者がＡＢＣ（持分は各３分の１）であり、Ａ持分に抵当権が設定されているとします。

この状況で、ＡがＢ持分を取得し、その取得した持分に抵当権を設定した場合には、以下の登記申請をします。

1/2　登記の目的　Ｂ持分全部移転

2/2　登記の目的　何番抵当権をＡ持分全部に及ぼす変更

事例26

以下の事例において、いかなる登記の申請が可能か。

甲区　２番　所有権移転　令和４年受付　共有者　持分２分の１Ａ
　　　　　　　　　　　　　　　　　　　　　　　２分の１Ｂ

乙区　１番　Ａ持分抵当権設定　令和５年受付
　　　　　　原因　令和５年５月１日金銭消費貸借同日設定
　　　　　　　　　　債権額　金1000万円
　　　　　　　　　　債務者　Ａ
　　　　　　　　　　抵当権者　Ｘ

１．ＸはＢとの間で、令和６年７月15日に、乙区１番で登記された抵当権について追加設定する契約をした。

答え 以下の登記を申請します。

登記の目的	B持分抵当権設定
原　因	令和5年5月1日金銭消費貸借 令和6年7月15日設定
債権額	金1000万円
債務者	A
抵当権者	X
設定者	B
添付書類	登記原因証明情報 登記識別情報 印鑑証明書　代理権限を証する情報
登録免許税	金1500円（登録免許税法第13条第2項） （不動産1個について）

本事例は、単なる追加設定の申請をします。

この登記が完了すると、同一の不動産上の、2つの抵当権（順位番号1番と2番）が共同担保関係になります。

事例27

以下の事例において、いかなる登記の申請が可能か。

甲区　2番　所有権移転　　令和4年受付　所有者A

　　　3番　所有権一部移転　令和5年受付　共有者　持分3分の1B

乙区　1番　抵当権設定　令和4年受付

　　　　　　原因　令和4年5月1日金銭消費貸借同日設定

　　　　　　　　　　　　　　債権額　　金1000万円

　　　　　　　　　　　　　　債務者　　A

　　　　　　　　　　　　　　抵当権者　X

1．令和6年7月15日、XはBが甲区3番で取得した持分について抵当権を放棄した。

答え　以下の登記を申請します。

登記の目的	1番抵当権をA持分の抵当権とする変更
原　因	令和6年7月15日B持分の放棄
権利者	B
義務者	X
添付書類	登記原因証明情報 登記識別情報 代理権限を証する情報
登録免許税	金1000円（不動産1個について）

「何番抵当権を何某持分の抵当権とする変更」の登記は、変更登記と抹消登記の二重性を有します。

1．登記は付記登記で実行される。

→あくまで変更登記だから。

2．変更登記なのに変更後の事項が登記されない。

→実質は一部抹消登記だから。

3．利害関係人がいる場合、承諾書の添付をしなければ登記は実行されない。

→実質は一部抹消登記だから。

【「何某持分の抵当権とする変更」のパターン】

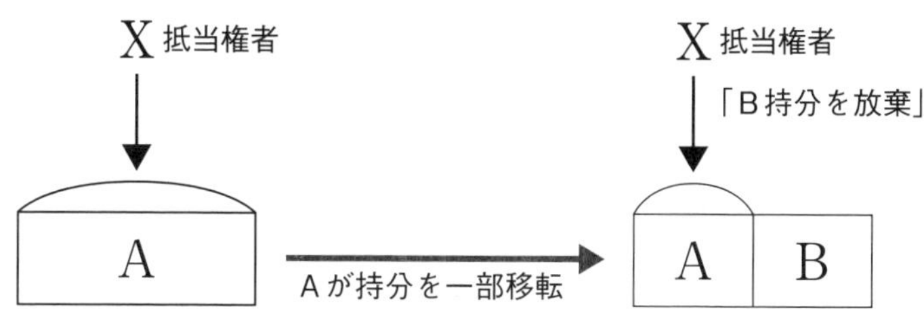

参考○何番抵当権を何某持分の抵当権とする更正

何番抵当権を何某持分の抵当権とする更正登記をすることも可能です。

この登記も抵当権の一部抹消登記という実質があります。

事例28

以下の事例において、いかなる登記の申請が可能か。

甲区　2番　所有権移転　令和4年受付　所有者A
乙区　1番　抵当権設定　令和5年受付
　　　　　　原因　令和5年5月1日金銭消費貸借同日設定
　　　　　　　　　　　　　　債権額　金1000万円
　　　　　　　　　　　　　　債務者　A
　　　　　　　　　　　　　　抵当権者　X
　　1番付記1号　1番抵当権一部移転　令和6年受付
　　　　　　　　原因　令和6年5月1日一部代位弁済
　　　　　　　　　　　　　　弁済額　金400万円
　　　　　　　　　　　　　　抵当権者　Y

1．令和6年7月15日、AはXに対して金600万円を弁済した。

答え　以下の登記を申請します。

登記の目的	1番抵当権変更
原　因	令和6年7月15日Xの債権弁済
変更後の事項	債権額　金400万円
権利者	A
義務者	XY
添付書類	登記原因証明情報 登記識別情報 代理権限を証する情報
登録免許税	金1000円（不動産1個について）

上記の登記は、抵当権の被担保債権が準共有されている場合に、その共有者の片方に対してのみ、弁済をしたときに申請するものです。

弁済後の債権額を公示する必要があるため、変更登記をすることになります。

また、この登記は、準共有された抵当権の変更行為に該当するため、登記義務者はＸＹの双方であると解釈されます。(民法251条１項)

【「何某の債権弁済」による変更登記のパターン】

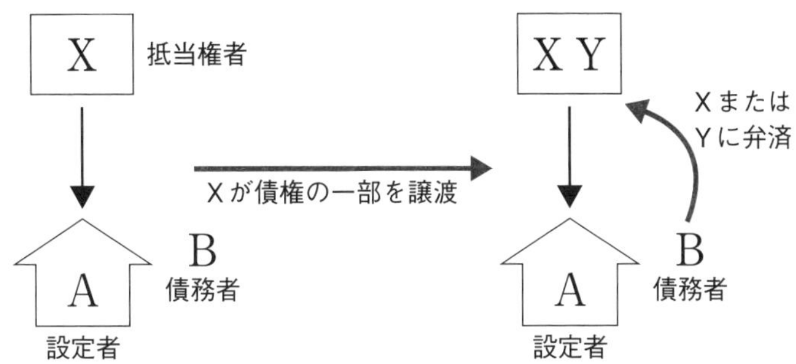

事例29

以下の事例において、いかなる登記の申請が可能か。

甲区　２番　所有権移転　平成29年受付　所有者Ａ
乙区　１番　根抵当権設定　令和１年受付
原因　令和１年５月１日設定　極度額　金1000万円
債権の範囲　Ａ取引
債務者　Ａ
根抵当権者　Ｘ
確定期日　令和６年５月１日
１番付記１号　１番根抵当権一部移転　令和６年受付
原因　令和６年７月10日一部代位弁済
弁済額　金400万円
根抵当権者　Ｙ

１．元本確定時の被担保債務の額は金1000万円であった。
２．令和６年７月15日、ＡはＸに対して金600万円を弁済した。

第2章 抵当権

答え 以下の登記を申請します。

登記の目的	１番根抵当権の根抵当権者をＹとする変更
原　因	令和６年７月15日Ｘの債権弁済

上記は、根抵当権が確定した後に、根抵当権の被担保債権が債権一部譲渡または一部代位弁済によって共有状態となり、その後に共有者の片方に全額の弁済をした事例における申請書の記載例です。

抵当権の場合との決定的な違いは、**変更後の事項を書かない**ということです。

根抵当権は、確定すると、原則として抵当権と同じ取扱いをすることになると考えてよいのですが、唯一、極度額という考え方が残るという点が抵当権とは異なります。

根抵当権の共有者の１人に対して弁済をしても、**根抵当権の極度額が減ることはありません**から、その記載は要しません。

参考○相続による抵当権の債務者の変更

抵当権の債務者Ｘが死亡し、ＹＺの２人が相続人であったとしましょう。

この後、ＹＺ間で、Ｙが債務を承継するという遺産分割協議を行った場合、抵当権者がこれを承諾すれば、以下の登記申請をすることができます。

１．登記を１件でする

1/1

登記の目的	何番抵当権変更
原　因	令和何年何月何日相続（年月日はＸ死亡の日）
変更後の事項	債務者　Ｙ

これに対して、遺産分割以外の方法で相続債務の引受けがされた場合には、次の２件の登記を申請します。

２．登記を２件でする

1/2

登記の目的	何番抵当権変更
原　因	令和何年何月何日相続（年月日はＸ死亡の日）
変更後の事項	債務者　ＹＺ

2/2

登記の目的	何番抵当権変更
原　因	令和何年何月何日Ｚの債務引受
変更後の事項	債務者　Ｙ

なお、以上の登記は、いずれも抵当権者および設定者の共同申請で行います。

第2節 抵当権に関するその他の問題点

本節では、抵当権に関するその他の諸問題を概観します。

事例30

次の事例において、申請が可能な登記は何か。

甲区　２番　所有権移転　令和１年受付　所有者　　Ａ
乙区　１番　抵当権設定　令和１年受付　抵当権者　Ｂ

１．Ｘは、上記の不動産について、平成26年７月15日に占有を開始し、令和６年７月16日に取得時効が完成、同年８月１日に時効を援用した。

答え 以下の2つの登記を申請することができます。

1/2

登記の目的	所有権移転
原　因	平成26年7月15日時効取得
権利者	X
義務者	A
添付書類	登記原因証明情報
	登記識別情報
	印鑑証明書　住所を証する情報
	代理権限を証する情報
登録免許税	不動産価額の20/1000

2/2

登記の目的	1番抵当権抹消
原　因	平成26年7月15日所有権の時効取得
権利者	X
義務者	B
添付書類	登記原因証明情報
	登記識別情報
	代理権限を証する情報
登録免許税	金1000円（不動産1個について）

時効の効力は、その**起算日**にさかのぼります。（民法144条）

したがって、所有権移転ならびに抵当権抹消の原因日付は起算日となります。

時効取得は原始取得ですから、所有権に付着していた本事例の抵当権等の制限物権は原則として消滅します。

しかし、その登記を職権抹消するという規定はありませんから、抹消登記を申請することになります。

◆参考条文◆

民法144条（時効の効力）
時効の効力は、その起算日にさかのぼる。

事例31

次の事例において、申請が可能な登記はあるか。

甲区	2番	所有権移転	令和4年受付	所有者	A
乙区	1番	抵当権設定	令和4年受付	債務者	甲
				抵当権者	B
	1番付記1号	1番抵当権移転			
		原因	令和6年7月15日債権譲渡		
				抵当権者	C

1. 1番付記1号の登記の登記原因である債権譲渡について、BがAに対して確定日付ある証書で通知をした。通知は令和6年7月20日に到達した。
2. 令和6年7月21日、Bは上記の債権をDに対して二重譲渡をした。Bは甲に対して確定日付ある証書で通知をした。通知は令和6年7月25日に到達した。

答え 以下の2つの登記を申請することができます。

1/2

登記の目的	1番付記1号抵当権移転登記抹消
原　因	錯誤
権利者	B
義務者	C

添付書類	登記原因証明情報
	登記識別情報
	代理権限を証する情報
登録免許税	金1000円（不動産1個について）

2/2

登記の目的	1番抵当権移転
原　因	令和6年7月21日債権譲渡
権利者	D
義務者	B
添付書類	登記原因証明情報
	登記識別情報
	代理権限を証する情報
登録免許税	抵当権の債権額の2/1000

BからCへの債権譲渡については、いまだに第三者対抗要件が備わっていません。（通知は債務者である甲に対してすべきであるのに、設定者のAに通知をしている）

これに対して、BからDへの債権譲渡については、適法な通知がされたため、第三者対抗要件を備えています。

したがって、本事例における債権の帰属はDで決まりです。

そうすると、担保権の**随伴性**の性質により、**抵当権もDに帰属す**るべきですから、そのための登記を申請することになります。

事例32

次の事例において、申請が可能な登記はあるか。

甲区	2番	所有権移転	令和4年受付	所有者	A
乙区	1番	抵当権設定	令和4年受付	債務者	甲
				抵当権者	B

1．令和6年7月15日、乙は甲の債務を免責的に引き受け、抵当権者Bはこれを承諾し引受人の債務に抵当権を移すこととした。
2．しかし、Aはこれについての承諾をしなかった。

答え 以下の登記を申請することができます。

1/1

登記の目的	1番抵当権抹消
原　因	令和6年7月15日抵当権消滅
権利者	A
義務者	B
添付書類	登記原因証明情報 登記識別情報 代理権限を証する情報
登録免許税	金1000円（不動産1個について）

免責的債務引受がされた場合には、債権者は担保権を引受人の債務に移すことができます。（民法472条の4第1項本文）

しかし、引受人以外の者がこれを設定したときにはその者の承諾を要します。（同項ただし書）

本事例では、設定者A（債務の引受人ではない）が承諾をしていないため抵当権は消滅します。

もし、抵当権が存続するケースであれば、「年月日免責的債務引受」を原因として抵当権の変更登記を申請すべきことになります。

事例33

以下の事例において、いかなる登記を申請すべきか。

1．抵当権の債務者が債務の全額を弁済した。
2．保証人が債務の全額を弁済した。

答え　1については抵当権の抹消登記をします。
2については、代位弁済を原因とする抵当権の移転登記をします。

事例**33**の問題は非常に簡単ですが、債務の弁済があった場合、債務者による弁済であれば抵当権を抹消するが、第三者による弁済の場合には、代位弁済を原因とする移転登記になることは明確にしておきましょう。

次の問題（事例**34**）は、今、述べたことの応用問題です。

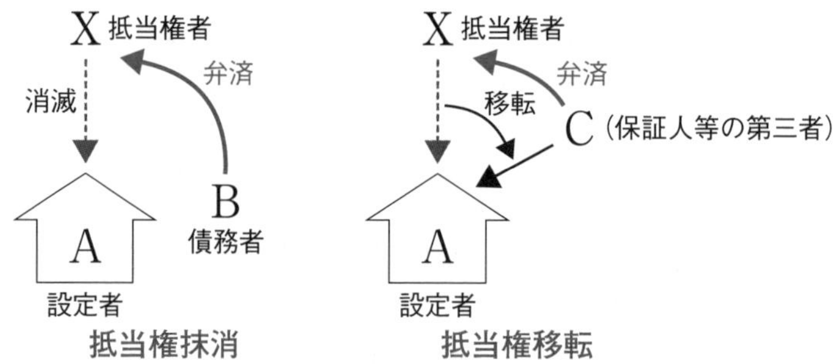

事例34

次の事例において、Aを申請人のひとりとして（つまり、司法書士がAから委任状を受領することにより）することができる登記はあるか。

甲土地の登記簿

甲区 2番	所有権移転	令和4年受付	所有者	Y
乙区 1番	抵当権設定	令和4年受付	債務者	Y
			抵当権者	X
			共同担保	目録(あ)100号

乙土地の登記簿

甲区 2番	所有権移転	令和3年受付	所有者	Z
乙区 1番	抵当権設定	令和4年受付	債務者	Y
			抵当権者	X
			共同担保	目録(あ)100号
2番	抵当権設定	令和5年受付		
	令和5年3月1日金銭消費貸借同日設定		債務者	Z
			抵当権者	A

1．Xは乙土地について競売の申立てをし、裁判所から乙土地の差押えの登記が嘱託された。

2．その後の競売手続において甲が買受人となり、甲は令和6年7月15日に競売代金を支払った。

3．乙土地について、「令和6年7月15日担保不動産競売による売却」を原因として「所有権移転」「3番差押抹消」「1番抵当権抹消」「2番抵当権抹消」の登記が嘱託された。

4．令和6年7月25日、裁判所の配当手続によってXは被担保債権の全額の弁済を受けた。

2番抵当権者のAは被担保債権の一部の弁済のみを受けた。

答え 甲土地について、以下の登記を申請することができます。

登記の目的	1番抵当権移転
原　因	令和6年7月25日代位弁済
権利者	（被代位者）Z
代位者	A
代位原因	令和5年3月1日設定の抵当権に基づく物上代位
義務者	X
添付書類	登記原因証明情報　代位原因を証する情報* 登記識別情報 代理権限を証する情報
登録免許税	債権額の2/1000

*代位原因を証する情報の内容は、乙土地の登記事項証明書である。

本事例では、乙土地は競売がされますから、その手続の中で、すべての抵当権と差押えの登記が抹消されて、キレイになった権利が競売物件の買受人である甲に移転します。

したがって、乙土地2番で登記されたAの抵当権も抹消されてしまいますし、乙土地について他に申請すべき登記は何もありません。

簡単にいえば、裁判所の手続によって、すべての登記が完了しています。

この手続の中で、1番抵当権者であるXは配当金により被担保債権の全額の弁済を受けました。

では、この弁済をしたのは誰でしょうか？

それは、乙土地の所有者であったZです。

Ｚの土地が競売されその代価がＸのところに行ったわけですから、実質的に弁済をしたのはＺです。

ところで、乙土地の１番抵当権の債務者はＹですから、Ｚは物上保証人です。

債務者が弁済をしたわけではありません。

したがって、弁済による代位が生じて、甲土地の１番抵当権はＺに、令和６年７月25日代位弁済を登記原因として移転をします。

この日付は、Ｘが弁済を受けた日、すなわち**配当実施日**です。

さて、ここで、Ａの立場を考えてみましょう。

Ａは被担保債権の弁済を一部しか受けていないにもかかわらず、乙土地の２番抵当権を抹消されてしまいました。

しかし、話はこれで終了ではありません。

消えてしまった抵当権の**価値変形物**があるのです。

それが、乙土地の所有者であるＺが、「令和６年７月25日代位弁済」を登記原因として取得する**甲土地の１番抵当権**です。

Ａは、この価値変形物に対して、民法372条を根拠に物上代位することができます。

そして、Ａはこの権利を保全するために、Ｚに代位して、甲土地の１番抵当権の移転登記をする実益があります。

以上の理由から、本事例の債権者代位による抵当権移転登記はなされています。

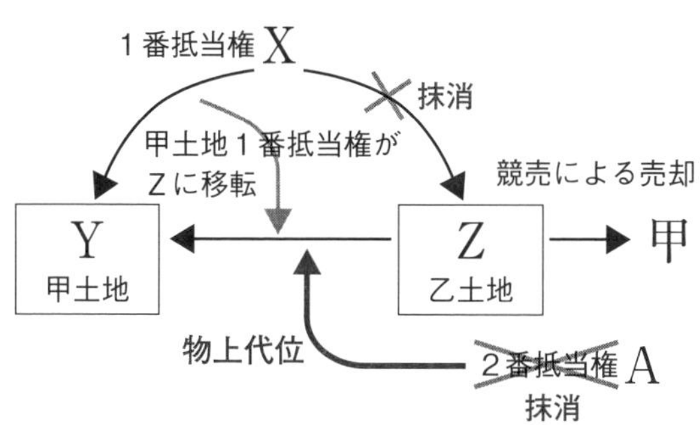

◆参考条文◆

民法372条（留置権等の規定の準用）（一部省略）

第304条の規定は、抵当権について準用する。

民法304条（物上代位）

1項　先取特権は、その目的物の売却、賃貸、滅失又は損傷によって債務者が受けるべき金銭その他の物に対しても、行使することができる。ただし、先取特権者は、その払渡し又は引渡しの前に差押えをしなければならない。

●参考先例●　昭43.5.29民甲1834号

共同抵当の目的物である不動産（甲および乙）が、いずれも各別の物上保証人の所有に属し、そのうちの乙不動産についてのみ、後順位の抵当権者がある場合において、乙不動産が競売されたとき、甲不動産について弁済者代位による抵当権の付記を後順位の抵当権者が代位申請するには、代位原因として「年月日設定の抵当権に基づく物上代位」と記載し、代位原因を証する書面として乙不動産の登記事項証明書を添付すべきである。

事例35

以下の抵当権のすべてを申請書の数をなるべく少なく抹消したい。どうすればよいだろうか。

なお、抵当権の設定者（所有権の登記名義人）はXである。

乙区	1番	抵当権設定	令和2年4月1日受付	債務者 X 抵当権者 ㈱A
	2番	抵当権設定	令和5年4月1日受付	債務者 X 抵当権者 ㈱B
	3番	抵当権設定	令和6年4月1日受付	債務者 X 抵当権者 ㈱C

1．㈱Aは、令和3年12月1日、㈱Bに吸収合併された。

2．㈱Bは、令和6年2月1日、㈱Cに商号変更した。

3．Xは、令和6年7月15日、すべての抵当権の債務を全額弁済した。

答え 以下の2つの登記を申請すべきです。

1/2

登記の目的	1番抵当権移転
原　因	令和3年12月1日合併
抵当権者	（被合併会社　㈱A）　㈱C 代表取締役何某
添付書類	登記原因証明情報　資格を証する情報 代理権限を証する情報
登録免許税	債権額の1/1000

第2章 抵当権

2/2

登記の目的	１番２番３番抵当権抹消
原　因	令和６年７月15日弁済
権利者	X
義務者	㈱C
	代表取締役何某
添付書類	登記原因証明情報
	登記識別情報
	資格を証する情報　変更を証する情報*[1]
	代理権限を証する情報
登録免許税*[2]	金1000円（不動産１個について）

＊１　変更を証する情報は、㈱Bから㈱Cへと商号変更をしたことを証明するために提供する。

→㈱Cが会社法人等番号を提供したときは、これをもって変更を証する情報とすることができる。

＊２　登録免許税は金1000円。抹消登記の登録免許税に関する規定は不動産１個について1000円であり、消す権利の個数は問題とならない。

この事例においては、合併により、㈱Aの１番抵当権は㈱Cに承継されました。

その後に、弁済がされて、すべての抵当権が消滅します。

したがって、その過程を忠実に登記簿に反映させることが必要です。

そのため、１番抵当権移転→抵当権抹消の段取りとなります。

なお、２番抵当権の抹消については、**所有権以外の権利の抹消**ですから、前提登記としての２番抵当権登記名義人の商号を変更する登記を申請する必要はありません。

便宜、変更証明書を添付のうえ、抹消登記をすることができます。

参考○抵当権と根抵当権の一括抹消

（A不動産）

乙区　１番　抵当権設定　　抵当権者　X

　　　２番　根抵当権設定　根抵当権者　X

上記のように同一の不動産に同一の者が抵当権と根抵当権を有する場合、抹消原因と日付が同一（例　令和６年10月１日解除）であれば、次の申請をすることができます。

登記の目的　１番抵当権、２番根抵当権抹消
原因　令和６年10月１日解除
権利者　何某（設定者）
義務者　X

事例36

以下の抵当権のすべてを申請書の数をなるべく少なく抹消したい。どうすればよいだろうか。

なお、抵当権の設定者（所有権の登記名義人）はYである。

乙区　１番　抵当権設定　令和４年４月１日受付　債務者　X
　　　　　　　　　　　　　　　　　　　　　　　抵当権者　㈱A
　　　２番　抵当権設定　令和５年４月１日受付　債務者　X
　　　　　　　　　　　　　　　　　　　　　　　抵当権者　㈱B

1．㈱Aは、令和４年12月１日、㈱Bに商号変更をした。
2．Xは、令和５年12月１日、住所を変更した。
3．Xは、令和６年７月15日、すべての抵当権の被担保債権の債務を全額弁済した。
4．㈱Bは、令和６年７月20日、㈱Cに吸収合併された。

答え 以下の登記を申請すべきです。

1/1

登記の目的	１番２番抵当権抹消
原　因	令和６年７月15日弁済
権利者	Ｙ
義務者	㈱Ｂ
上記権利義務承継会社	㈱Ｃ 代表取締役何某
添付書類	登記原因証明情報 登記識別情報 資格を証する情報　変更を証する情報* 合併を証する情報　代理権限を証する情報
登録免許税	金1000円（不動産１個について）

＊変更を証する情報は、㈱Ａから㈱Ｂへと商号変更をしたことを証明するために提供する。

→㈱Ｂが会社法人等番号を提供したときは、これをもって変更を証する情報とすることができる。

この事例においては、まず、債務者の弁済により抵当権が消滅しました。

次に、合併により、㈱Ｂの１番抵当権と２番抵当権の抹消登記をすべき義務が㈱Ｃに承継されました。

そのため、１件の登記で、抵当権を抹消する段取りとなります。

なお、住所移転による債務者Ｘの変更登記はしなくてもよい登記です。

抹消する権利の登記事項をいちいち変更することは要求されていません。

事例37

以下の抵当権を、なるべく少ない申請書で抹消したい。どうすればよいだろうか。

甲区　3番　所有権移転　令和5年10月1日受付　所有者　X
乙区　1番　抵当権設定　令和5年11月1日受付　抵当権者　Y

1．令和6年4月1日Xは住所を、甲市甲町1番地に移転した。
2．令和6年5月1日Yは住所を、乙市乙町3番地に移転した。
3．令和6年10月1日Yは抵当権を放棄した。

答え 以下の申請をすべきです。

1/2

登記の目的	所有権登記名義人住所変更
原因	令和6年4月1日住所移転
変更後の事項	住所　甲市甲町1番地
申請人	X
添付情報	登記原因証明情報
	代理権限を証する情報
登録免許税	金1000円（不動産1個について）

2/2

登記の目的	1番抵当権抹消
原因	令和6年10月1日放棄
権利者	X
義務者	Y
添付情報	登記原因証明情報
	登記識別情報
	変更証明情報
	代理権限を証する情報

登録免許税　　金1000円（不動産１個について）

抵当権の抹消登記の前提として、抵当権者の住所変更登記を要しませんが、設定者のそれは要することを再確認しましょう。

第３章

事件と相続関連

第１節 事件とは

不動産登記法において出題される**事件**の代表例は、**相続と混同**です。

この両者は、記述式の問題文中に登場する人物の意思表示に基づく物権変動ではありません。

単に、ある人物が死亡したとか、ある制限物権の権利者と設定者が同一人物に帰したというような、偶然の事件によって登記事項が発生します。

出題者の立場からすれば、抵当権の設定契約をしたからその設定登記をしてくださいという問題設定ではちっとも面白みがありませんが、事件を出題する場合には、**わざとらしさのない、しかし、実は複雑な出題**をすることができます。

そのため、相続と混同は、不動産登記法の記述式の出題においては、文句なくスター選手の地位にあるといってもよいでしょう。

では、肩慣らしに、以下の事例で、事件に関する問題を考えてみましょう。

事例38

以下の事例において、いかなる登記を申請すべきか。

甲区	２番	所有権移転	令和３年受付	所有者	Z
乙区	１番	抵当権設定	令和４年受付	債務者	Y
				抵当権者	X

１．令和6年7月15日、XはZに1番抵当権の被担保債権を譲渡した。

答え 以下の２つの登記を申請します。

1/2

登記の目的	１番抵当権移転
原　因	令和６年７月15日債権譲渡
権利者	Z
義務者	X
添付書類	登記原因証明情報
	登記識別情報
	代理権限を証する情報
登録免許税	債権額の2/1000

2/2

登記の目的	１番抵当権抹消
原　因	令和６年７月15日混同
権利者兼義務者	Z
添付書類	登記識別情報
	代理権限を証する情報
登録免許税	金1000円（不動産１個について）

混同の根拠条文を挙げます。

民法179条（混同）
１項　同一物について所有権及び他の物権が同一人に帰属したときは、当該他の物権は、消滅する。（ただし書・省略）

本事例においては、抵当権者Xの債務者Yに対する債権がZに譲渡されました。

このことにより、ZはYに対する債権を取得しました。

これに伴い、抵当権が移転しますが、その結果、**所有権と抵当権**

とが同一人（Z）に帰属したため、民法179条の規定を理由として、抵当権が消滅しました。

【物権の混同】（民法179条１項本文）

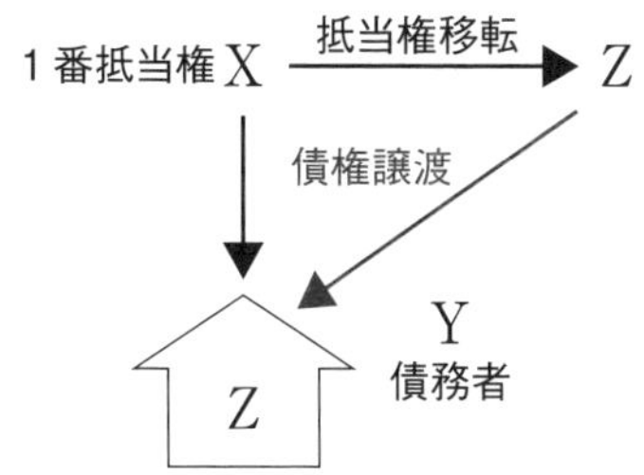

なお、2/2の混同による抵当権の抹消登記の申請においては、登記記録上、混同の事実があきらかであるため、登記原因証明情報の提供は要しないものと解されています。

参考○混同と登記原因証明情報

混同による権利の抹消登記を申請する場合、その権利が混同により消滅していることが登記記録の上からわかるときは、登記原因証明情報の提供を省略することができる（質疑登研690P221）。

事例 39

以下の事例において、いかなる登記を申請すべきか。

甲区	2番	所有権移転	令和３年受付	所有者	Z
乙区	1番	抵当権設定	令和４年受付	債務者	Y
				抵当権者	X

1．令和６年７月15日、Xが死亡した。相続人はYのみである。

答え 以下の２つの登記を申請します。

第3章 事件と相続関連

1/2

登記の目的	１番抵当権移転
原　因	令和６年７月15日相続
抵当権者	（被相続人　X）Y
添付書類	登記原因証明情報　代理権限を証する情報
登録免許税	債権額の1/1000

2/2

登記の目的	１番抵当権抹消
原　因	令和６年７月15日債権の混同
権利者	Z
義務者	Y
添付書類	登記原因証明情報 登記識別情報 代理権限を証する情報
登録免許税	金1000円（不動産１個について）

混同には、物権の混同のほかに、**債権混同**のヴァージョンもあります。

債権混同の根拠条文を挙げます。

民法520条　本文
債権及び債務が同一人に帰属したときは、その債権は、消滅する。

本事例においては、Xが死亡したことにより、抵当権の被担保債権の債権者と債務者が同一人となりました。

そのために、抵当権は**付従性を理由として消滅**します。

王様である被担保債権が消滅したために、家来である担保権は消滅するのです。

【債権の混同】（民法520条本文→付従性により抵当権消滅）

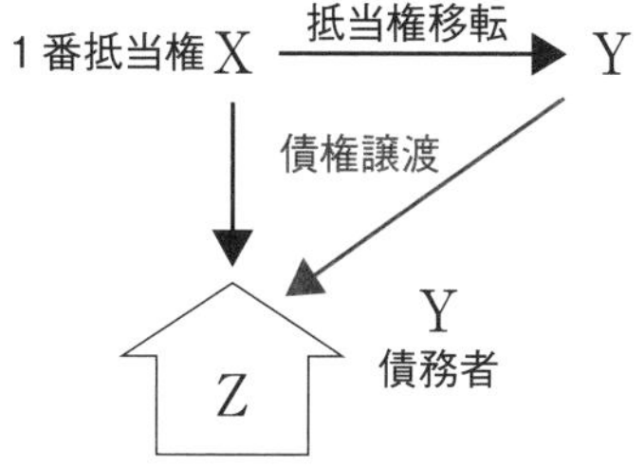

事例 40

以下の事例において、いかなる登記を申請すべきか。

甲区	2番	所有権移転	令和3年受付	所有者	甲
乙区	1番	抵当権設定	令和4年受付	債務者	Y
				抵当権者	X
	2番	抵当権設定	令和5年受付	債務者	甲
				抵当権者	Z

1．令和6年7月15日、甲が死亡した。相続人はXのみである。

答え 以下の2つの登記を申請します。

1/2

登記の目的	所有権移転
原　因	令和6年7月15日相続
相続人	（被相続人　甲）X
添付書類	登記原因証明情報　住所を証する情報 代理権限を証する情報
登録免許税	不動産価額の4/1000

2/2

登記の目的	２番抵当権変更
原　因	令和６年７月15日相続
変更後の事項	債務者　X
権利者	Z
義務者	X
添付書類	登記原因証明情報
	登記識別情報
	代理権限を証する情報
登録免許税	金1000円（不動産１個について）

まず、今後の注意点として、ある人物が死亡した場合には、その人物が**登記簿上のどこに存在するのかを確認すること**が、不動産登記の記述式の問題を解く場合の**基本的な心得**です。

本事例において、死亡した甲は、所有権の登記名義人であり、かつ２番抵当権の債務者ですから、その双方について登記を申請することになります。

それが、上記の２つの申請書の意味するところです。

ところで、この登記をしたことにより、１番抵当権の抵当権者がX、設定者（所有者）もXという状況が生じました。

しかし、この事例においては、混同は生じません。

その理由は、**混同を妨げる事由**があるからです。

その事由とは、２番抵当権の存在です。

２番抵当権者のZが抵当権を実行してきた場合に、１番抵当権が残存していれば、１番抵当権者のXは、１番抵当権の債務者であるYに対する債権について２番抵当権者に優先して弁済を受けることができます。

しかし、１番抵当権が消えてしまうと、競売代金は、あらかたZのものとなってしまうに違いありません。

そこで、民法は、こういう場合のＸを保護するために混同の例外規定を置いています。

以下の条文のただし書にそのことが書いてあります。

民法179条（混同）

１項　同一物について所有権及び他の物権が同一人に帰属したときは、当該他の物権は、消滅する。ただし、その物又は当該他の物権が第三者の権利の目的であるときは、この限りでない。

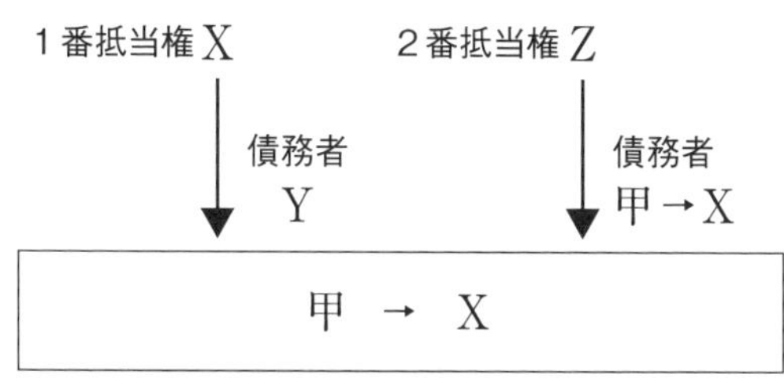

２番抵当権の存在が１番抵当権の混同を妨げている。
（民法179条１項ただし書）

事例**40**において申請された登記が完了すると登記簿の記載は以下のようになります。

甲区	２番	所有権移転	令和３年受付	所有者	甲
	３番	所有権移転	令和６年受付	所有者	Ｘ
乙区	１番	抵当権設定	令和４年受付	債務者	Ｙ
				抵当権者	Ｘ
	２番	抵当権設定	令和５年受付	債務者	甲
				抵当権者	Ｚ
	２番付記１号	２番抵当権変更	令和６年受付	債務者	Ｘ

事例41

事例**40**の登記完了後、令和６年７月20日に、２番抵当権者Ｚは抵当権を放棄した。

この場合、いかなる登記を申請すべきか。

答え **以下の２つの登記を申請します。**

1/2

登記の目的	２番抵当権抹消
原　因	令和６年７月20日放棄
権利者	X
義務者	Z
添付書類	登記原因証明情報 登記識別情報 代理権限を証する情報
登録免許税	金1000円（不動産１個について）

2/2

登記の目的	１番抵当権抹消
原　因	令和６年７月20日混同
権利者兼義務者	X
添付書類	登記識別情報 代理権限を証する情報
登録免許税	金1000円（不動産１個について）

２番抵当権が放棄により消滅したため、１番抵当権の混同を妨げていた事由も消滅します。

そのため、１番抵当権は、**混同を妨げた事由が消滅した時に**、混同により消滅します。

事例42

以下の事例において、いかなる登記を申請すべきか。

甲区	2番	所有権移転	令和3年受付	所有者	甲
乙区	1番	抵当権設定	令和4年受付	債務者	甲
				抵当権者	Z
	2番	抵当権設定	令和5年受付	債務者	Y
				抵当権者	X

1．令和6年7月15日、甲が死亡した。相続人はXのみである。

答え 以下の3つの登記を申請します。（2/3と3/3の申請の順序は逆でもかまいません）

1/3

登記の目的	所有権移転
原　因	令和6年7月15日相続
相続人	（被相続人　甲）X
添付書類	登記原因証明情報　住所を証する情報 代理権限を証する情報
登録免許税	不動産価額の4/1000

2/3

登記の目的	1番抵当権変更
原　因	令和6年7月15日相続
変更後の事項	債務者　X
権利者	Z
義務者	X
添付書類	登記原因証明情報 登記識別情報 代理権限を証する情報

登録免許税	金1000円（不動産１個について）

3/3

登記の目的	２番抵当権抹消
原　因	令和６年７月15日混同
権利者兼義務者	X
添付書類	登記識別情報
	代理権限を証する情報
登録免許税	金1000円（不動産１個について）

本事例において、２番抵当権の混同を妨げる事由は存在しません。

なぜなら、Zの１番抵当権は、もともと先順位の抵当権ですから、２番抵当権が存在してもしなくても、目的不動産が競売された場合に、Zが第１順位で配当を受けるという結論に変わりがありません。

したがって、２番抵当権を登記簿に残す実益がないのです。

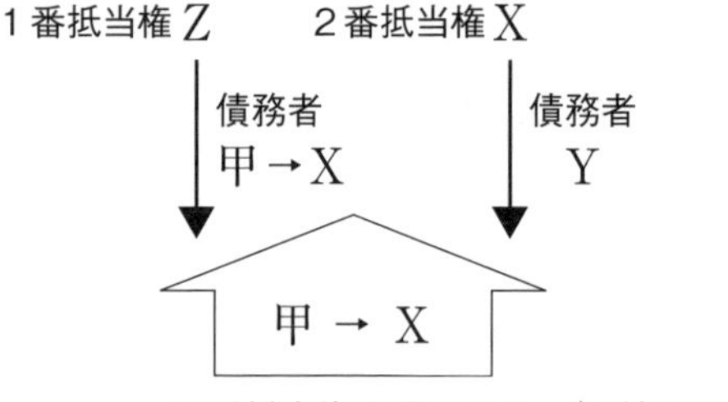

２番抵当権は混同する。（民法179条１項本文）

事例43

以下の事例において、いかなる登記を申請すべきか。

甲区	2番	所有権移転	令和3年受付	所有者	甲
乙区	1番	根抵当権設定	令和4年受付	債務者	Y
				根抵当権者	X
	2番	根抵当権設定	令和5年受付	債務者	甲
				根抵当権者	Z

1．令和6年7月15日、甲が死亡した。相続人はXのみである。

2．令和6年9月15日、Xは2番根抵当権の債権の範囲に属する債務をすべて弁済した。

3．登記申請日は令和6年10月15日である。

答え 以下の2つの登記を申請します。

1/2

登記の目的	所有権移転
原　因	令和6年7月15日相続
相続人	（被相続人　甲）X
添付書類	登記原因証明情報　住所を証する情報
	代理権限を証する情報
登録免許税	不動産価額の4/1000

2/2

登記の目的	2番根抵当権変更
原　因	令和6年7月15日相続
変更後の事項	債務者　X
権利者	Z
義務者	X
添付書類	登記原因証明情報

	登記識別情報
	印鑑証明書　代理権限を証する情報
登録免許税	金1000円（不動産１個について）

申請日である10月15日の段階においては、２番根抵当権の元本は確定するかどうかが不明の段階です。

根抵当権の債務者が死亡して６か月が経過する前の段階だからです。

したがって、別の理由で元本が確定したという事情のない本事例では、２番根抵当権が弁済を理由に消滅するとは言い切れず、２番根抵当権の抹消登記をすることができません。

１番根抵当権には混同を妨げる事由があるというべきでしょう。

事例44

以下の事例において、いかなる登記を申請すべきか。

甲区	２番	所有権移転	令和４年受付	所有者	甲
乙区	1番	抵当権設定	令和４年受付	債務者	甲
				抵当権者	X
	２番	根抵当権設定	令和５年受付	債務者	甲
				根抵当権者	Y

1．令和６年７月15日、甲はXとの間で、1番抵当権の被担保債権について、本件不動産の所有権で代物弁済をする契約をした。

2．登記申請日は、令和６年８月15日である。

答え 以下の２つの登記を申請します。

1/2

登記の目的	所有権移転
原　因	令和６年７月15日代物弁済
権利者	X
義務者	甲
添付書類	登記原因証明情報
	登記識別情報
	印鑑証明書　住所を証する情報
	代理権限を証する情報
登録免許税	不動産価額の20／1000

2/2

登記の目的	１番抵当権抹消
原　因	令和６年８月15日代物弁済
権利者兼義務者	X
添付書類	登記原因証明情報
	登記識別情報
	代理権限を証する情報
登録免許税	金1000円（不動産１個について）

本事例は、代物弁済により被担保債権が消滅するため、**付従性により１番抵当権が消滅**します。

代物弁済の事例では、混同により抵当権が消滅するのではありません。

ですから、２番根抵当権が存在していても、１番抵当権を抹消すべきであることは当然のことであるといえます。

本事例は、１番抵当権の債務者が残債務の全額を弁済したケースと同視されるからです。

なお、本事例の急所は、所有権移転と、抵当権抹消の、それぞれの原因日付にあります。

1．所有権移転の日付

代物弁済契約締結の日に所有権が移転します。

物権変動における意思主義（民法176条）がその根拠です。

民法176条（物権の設定及び移転）

物権の設定及び移転は、当事者の意思表示のみによって、その効力を生ずる。

2．抵当権抹消の日

上記の**所有権移転の登記申請日**に抵当権が消滅します。

代物弁済における債務消滅の効力は、代物の「**給付をした**」時に生じるのであり、登記等の対抗要件を要する場合には対抗要件を備えた日（すなわち、不動産登記であれば登記申請日）となるからです。

つまり、所有権移転登記日に被担保債権が消滅する結果、付従性により、即日抵当権が消滅するという段取りです。

民法482条（代物弁済）

弁済をすることができる者（以下「弁済者」という。）が、債権者との間で、債務者の負担した給付に代えて他の給付をすることにより債務を消滅させる旨の契約をした場合において、その弁済者が当該他の給付をしたときは、その給付は、弁済と同一の効力を有する。

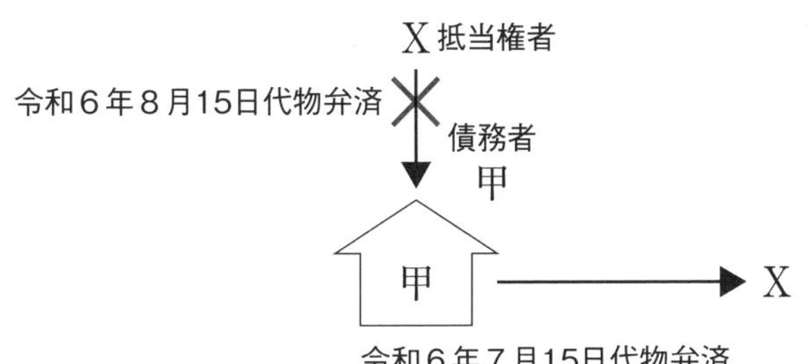

抵当権は、被担保債権消滅→付従性により消滅する。

●参考判例●　最判昭57.6.4

不動産所有権の譲渡によってする代物弁済による債務消滅の効果は、登記その他の引渡し行為が完了し、第三者対抗要件を備えることにより生じるが、そのことは、代物弁済による所有権移転の効果が、原則として代物弁済契約の意思表示が当事者間においてなされた時に生じることを妨げるものではない。

事例45

以下の事例において、いかなる登記を申請すべきか。

甲区　２番　所有権移転　令和４年受付　所有者　甲
乙区　１番　抵当権設定　令和４年受付　債務者　甲
原因　令和４年７月15日賃貸借契約の保証金返還債権同日設定　抵当権者　X
２番　根抵当権設定　令和５年受付　債務者　甲
根抵当権者　Y

1．令和６年７月15日、甲はXからの借入金について、本件不動産の所有権で代物弁済をする契約をした。
2．登記申請日は、令和６年8月15日である。

第３章 事件と相続関連

答え 以下の登記を申請します。

1/1

登記の目的	所有権移転
原　因	令和６年７月15日代物弁済
権利者	X
義務者	甲
添付書類	登記原因証明情報
	登記識別情報
	印鑑証明書　住所を証する情報
	代理権限を証する情報
登録免許税	不動産価額の20/1000

本事例で、代物弁済契約をしたのは、甲のXからの**借入金**についてです。

１番抵当権の被担保債権である賃貸借契約上の保証金の返還**債務についての代物弁済ではありません。**

甲はXに対して貸金債務と保証金の返還債務（抵当権の被担保債務）の２つの債務を負っていたところ、そのうちの貸金債務について代物弁済をしたわけです。

ですから、保証金の返還債務（抵当権の被担保債務）は消滅しません。

したがって、登記をすべきであるのは、所有権移転のみです。

１番抵当権には混同を妨げる事由（２番根抵当権）が存在するからです。

第2節 相　続

相続は、不動産登記の記述式の問題のメインテーマの地位を占めています。

まれに、人が死なない設定の出題もありますが、ほとんどの出題において**誰かが死亡**しています。

相続は、死亡によって開始します。(民法882条)

相続人は、被相続人の死亡時において生存している人に限られます。

これを**同時存在の原則**といいます。

同時死亡の場合には、一方が他方の死亡時において、生存していませんから、お互いがお互いを相続しないことがルールです。

しかし、同時死亡の場合であっても代襲相続は発生します。

その根拠条文を挙げます。

民法887条(子及びその代襲者等の相続権)

2項　被相続人の子が、相続の開始以前に死亡したとき、又は第891条の規定に該当し[相続欠格]、若しくは廃除によって、その相続権を失ったときは、その者の子がこれを代襲して相続人となる。ただし、被相続人の直系卑属でない者は、この限りでない。

この条文の冒頭部分の「相続の開始以前に死亡」という言葉のうち「以前」という部分は、被相続人の子が相続人と同時に死亡した場合を含みます。

以上に述べたように、ある人物の死亡の時期が何時(いつ)であるかということは、相続関係を考えるうえで重要な要素となります。

事例46

以下の事例において、いかなる登記を申請すべきか。

甲区　１番　所有権保存　平成14年受付　所有者　X
甲区　２番　所有権移転　令和６年受付
　　　　　　原因　令和６年７月15日相続
　　　　　　　　　　　　共有者　持分２分の１　A
　　　　　　　　　　　　　　　　持分２分の１　B

1．Xには子AおよびBがいた。
2．Xが死亡したため、上記の登記がなされた。
3．しかし、実は、Bは、Xの死亡以前に死亡していたことが確認された。
4．Bの相続人はAのみである。

答え 以下の登記を申請します。

1/1

登記の目的	２番所有権更正
原　因	錯誤
更正後の事項	所有者　A
権利者	A
義務者	亡B相続人A
添付書類	登記原因証明情報
	登記識別情報
	印鑑証明書　相続を証する情報
	代理権限を証する情報
登録免許税	金1000円（不動産１個について）

Ｘの死亡以前に死亡したＢは、Ｘの相続人となる余地はありません。(同時存在の原則)

したがって、前記の更正登記をすべきことになります。

なお、登記義務者であるＢは死亡しているため、相続人全員（この場合はＡのみ）による登記となります。

◆参考条文◆

不動産登記法62条（一般承継人による申請）

登記権利者、登記義務者又は登記名義人が権利に関する登記の申請人となることができる場合において、当該登記権利者、登記義務者又は登記名義人について相続その他の一般承継があったときは、相続人その他の一般承継人は、当該権利に関する登記を申請することができる。

なお、 法定相続分による所有権の移転の登記がされた場合、 次の事情により所有権を取得した相続人は、 自らを登記権利者として単独で所有権更正登記を申請することができます。

1. 遺産の分割の協議、調停、審判
2. 他の共同相続人による相続の放棄
3. 特定財産承継遺言があったこと
4. 相続人を受遺者とする遺贈があったこと

事例**46**は前記１～４のいずれにも当たらないため、共同申請(権利者と義務者がたまたま同一の共同申請）によってすることとなります。

このため、 登記義務者の登記識別情報と印鑑証明書の提供を要します。

基本事項 相続人による登記の方式

登記権利者に相続があったときは、共有物の保存行為（民法252条５項）として相続人の１人から登記の申請をすることができる。しかし、登記義務者に相続があったときは、登記義務は不可分債務となるため、相続人全員が申請人となることを要する。

事例 47

以下の事例において、いかなる登記を申請すべきか。

甲区	1番	所有権保存	平成14年受付	所有者　X
	2番	所有権移転	令和６年受付	
		原因	令和６年７月15日相続	所有者　A

1．Xには子Aがいた。
2．Xが死亡したため、上記の登記がなされた。
3．しかし、実は、Aは、Xと同時に死亡していたことが確認された。
4．Xの直系尊属であるYが生存している。
5．Aには配偶者Zがいるが、Aに子はいない。
6．以上の登場人物以外の者は存在しない。

答え 以下の２つの登記を申請します。

1/2

登記の目的	２番所有権抹消
原　因	錯誤
権利者	亡X
	上記相続人　Y
義務者	亡A相続人　Z
	同　Y
添付書類	登記原因証明情報

	登記識別情報
	印鑑証明書　相続を証する情報*
	代理権限を証する情報
登録免許税	金1000円（不動産１個について）

2/2

登記の目的	所有権移転
原　因	令和６年７月15日相続
相続人	（被相続人　X）Y
添付書類	登記原因証明情報　住所を証する情報
	代理権限を証する情報
登録免許税	不動産価額の4/1000

＊権利者、義務者ともに相続人による登記となるから、その申請人適格を証明するための情報である。

Xの死亡以前に死亡したAは、Xの相続人となる余地はありません。（同時存在の原則）

本事例は、登記名義人をA→Yに交代する必要がありますが、この場合には、**更正登記は不可能**です。

登記名義人を完全に入れ替えるケースは、更正の前後に登記の同一性がないとして更正登記は受理されません。

そこで、いったんA名義の登記を無効なものとして抹消し、相続登記をやり直す必要が生じます。

※なお、本事例では、「真正な登記名義の回復」を原因とする亡A→Yの所有権移転の登記を申請することもできる。

さて、以上の事例**46**、**47**においては、相続登記を受けた者が、後に被相続人の死亡以前に死亡していたことが確認されたという、やや不自然な問題設定（なぜそういう事態が生じたのかがナゾ）としましたが、この点を、**本試験でも出題可能な形に変形する**と以下のような出題形式となります。

参考

事例**47**におけるXおよびAの相続関係は以下のとおりです。同時死亡の場合、お互いがお互いを相続しません。

なお、図中、(被)は被相続人、(相)は相続人を指す。

【X死亡についての相続関係説明図】

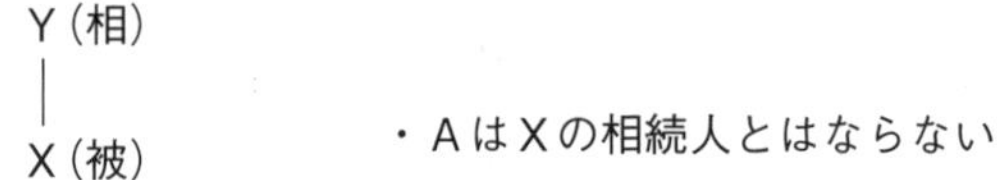

【A死亡についての相続関係説明図】

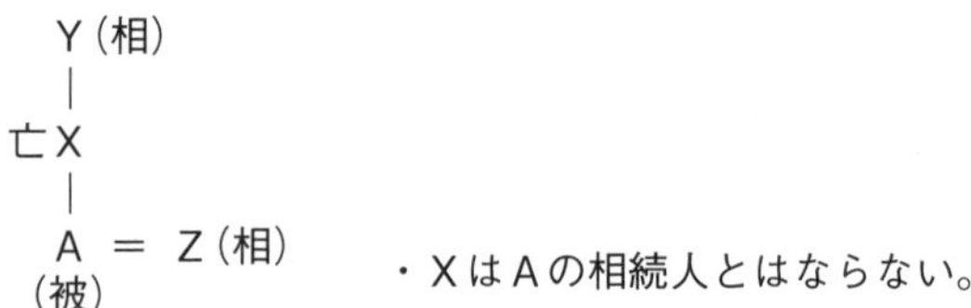

事例48

以下の事例において、いかなる登記を申請すべきか。

甲区　1番　所有権保存　平成16年受付　所有者　X
　　　2番　所有権移転　令和6年受付
　　　　　　原因　令和6年7月15日相続
　　　　　　　　　　　　　共有者　持分2分の1　A

持分２分の１　Ｂ

１．ＡおよびＢはＸの子である。
２．Ｘが死亡したため上記の登記がなされた。
３．令和６年10月30日、Ｂについて失踪宣告が確定した。
　Ｂはある日行方をくらまし、その生死は平成29年６月15日以降不明であった。
４．Ｂには子ＣＤおよび配偶者Ｅがいる。なお、ＣはＢより生前贈与を受けており、Ｂの相続に関しては相続分がない。

答え 以下の登記を申請すべきです。

1/1

登記の目的	２番所有権更正
原　因	錯誤
更正後の事項	共有者　持分４分の２　Ａ ４分の１　Ｃ ４分の１　Ｄ
権利者	ＣＤ
義務者	亡Ｂ相続人　Ｅ 同　Ｃ 同　Ｄ
添付書類	登記原因証明情報 登記識別情報 印鑑証明書　住所を証する情報 相続を証する情報　代理権限を証する情報
登録免許税	金1000円（不動産１個について）

Ｘの死亡以前に死亡したとみなされたＢは、Ｘの相続人となる余地はありません。（同時存在の原則）

第３章　事件と相続関連

本事例は、**普通失踪**の問題ですから、Bが死亡したとみなされる日は、**7年間の生死不明の期間の満了時**です。（民法31条前段）

Bは平成29年6月15日以降生死が不明となっていますから、7年間の期間は令和6年6月15日に満了します。

したがって、Xが死亡した令和6年7月15日にはBは生存していません。

とすれば、Xの相続財産は、子のAのほか、Bの代襲相続人である孫のCDに帰属することになります。

なお、Cは**Bの相続**については**特別受益者**であり相続分がありませんが、本事例は、**X死亡による相続事件の案件**ですからCにも相続分があることは当然のこととなります。

民法30条（失踪の宣告）

1項　不在者の生死が7年間明らかでないときは、家庭裁判所は、利害関係人の請求により、失踪の宣告をすることができる。

2項　戦地に臨んだ者、沈没した船舶の中に在った者その他死亡の原因となるべき危難に遭遇した者の生死が、それぞれ、戦争が止んだ後、船舶が沈没した後又はその他の危難が去った後1年間明らかでないときも、前項と同様とする。

民法31条（失踪の宣告の効力）

前条第1項の規定により失踪の宣告を受けた者は同項の期間が満了した時に、同条第2項の規定により失踪の宣告を受けた者はその危難が去った時に、死亡したものとみなす。

以上を整理すると

1．普通失踪　生死不明となってから7年間の期間満了により死亡とみなされる。

2．特別失踪　危難が去った時に死亡とみなされる。

参考

事例**48**におけるXの相続関係は以下のとおりです。

【X死亡についての相続関係説明図】

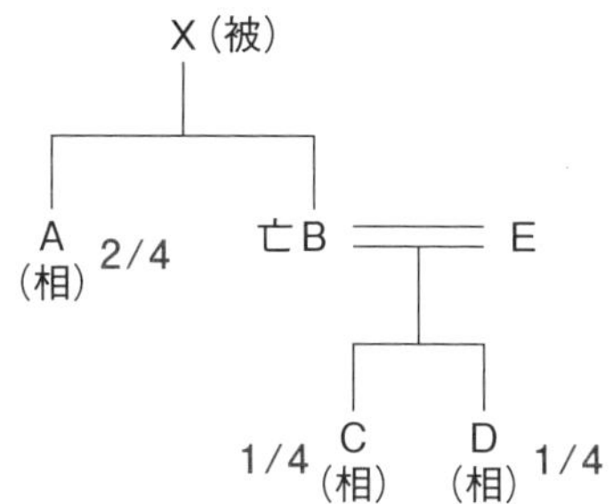

・失踪宣告によりBがXの死亡以前に死亡していたとみなされるため、代襲相続が発生する。

・CはXから特別受益は受けていないから、Xの相続についての相続分はある。

事例49

以下の事例において、いかなる登記を申請すべきか。

甲区　1番　所有権保存　平成14年受付　所有者　X

1．Xの相続人は子であるAのみ。

2．Xは令和6年7月15日に死亡した。

3．令和6年10月30日、Aについて失踪宣告が確定した。
　Aはある日行方をくらまし、その生死は平成29年8月15日以降不明であった。

4．Aには子CDおよび配偶者Eがいる。なお、CはAより生前贈与を受けており、Aの相続に関しては相続分がない。

答え 以下の登記を申請すべきです。

1/1

登記の目的	所有権移転
原　因	令和６年７月15日Ａ相続 令和６年８月15日相続
相続人	（被相続人　Ｘ）持分３分の２　Ｅ ３分の１　Ｄ
添付書類	登記原因証明情報　住所を証する情報 代理権限を証する情報
登録免許税	不動産価額の4/1000

本事例においてＡが死亡したとみなされるのは、普通失踪の７年間の期間が満了した日の令和６年８月15日です。

被相続人Ｘの死亡時には、**Ａは生存していた**ことになりますから、Ｘの所有する不動産はその唯一の相続人であるＡが相続します。（第１の相続）

そして、Ａが死亡したとみなされる令和６年８月15日に、Ａの相続財産はＥＤに承継されます。（第２の相続）

ここで、問題になるのは、特別受益者がいる場合の相続分の計算方法です。

Ａの相続人は、ＥＣＤですが、Ｃはすでに特別の受益を受けています。

つまり、本来、Ａの相続財産は、Ｅ４分の２、Ｃ４分の１、Ｄ４分の１の割合で承継すべきところ、Ｃはすでにその受益を受けているということになります。

ですから、この場合に配偶者Ｅおよび子Ｄが承継する相続財産の割合は、**２対１になるというのが登記実務の考え方**です。

したがって、上記登記申請書記載例のように、Ｅ持分は３分の２、Ｄ持分は３分の１となります。

【A死亡による相続（第2の相続）の相続関係説明図】

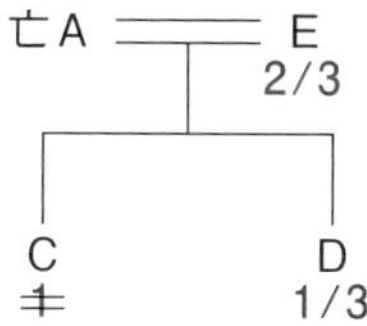

参考○平成12年記述式において出題された特別受益者を含む相続分の計算例

平成12年の不動産登記の記述式の出題は、特別受益者を含む共同相続人間の相続分を計算させる問題が出題されています。

【被相続人Aの相続関係】

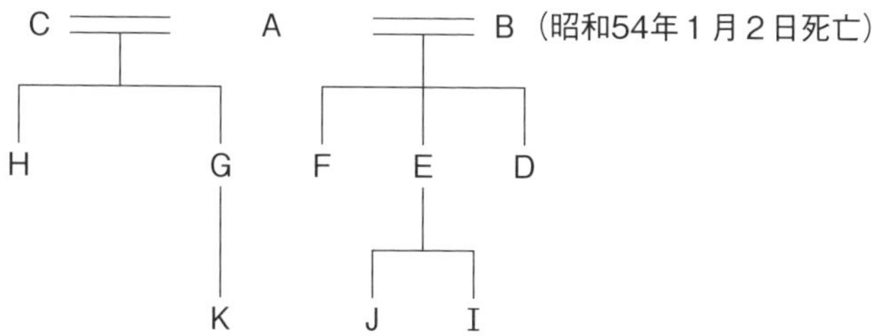

この相続関係において、以下の事実の設定がされています。

被相続人A　平成11年12月10日死亡

G　特別受益者

E　廃除者

F　相続を放棄

この場合には、最初に、特別受益者を含む相続分を計算するのがコツです。

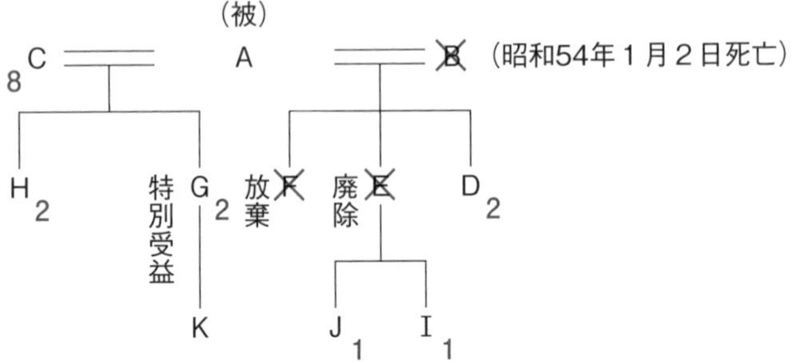

その後に、特別受益者の相続分を消します。

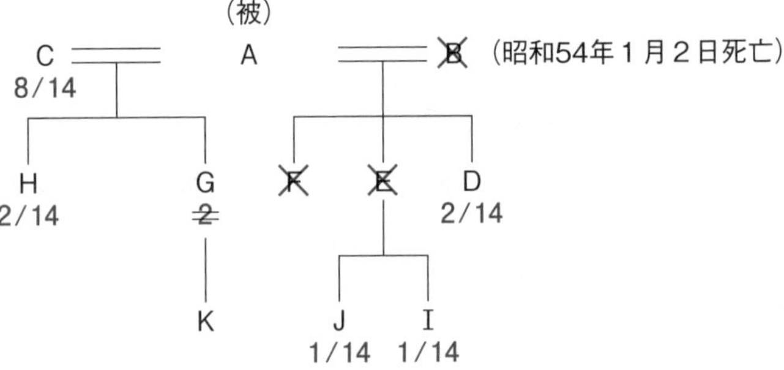

上図にある取得する持分の比率を割り出せば計算は終了です。

答え C　14分の8

D　14分の2

H　14分の2

I　14分の1

J　14分の1

※平成12年の出題は、もう少し手がこんでいて、死亡したAは不動産の共有持分（この持分2分の1）を共有していました。したがって、実際の解答は上記の分母がすべて28となります。

事例50

事例49の登記申請が完了して以下の登記がなされた。

甲区 1番 所有権保存 平成14年受付 所有者 X
2番 所有権移転 令和6年受付
原因 令和6年7月15日A相続 令和6年8月15日相続
共有者 持分3分の2 E
持分3分の1 D

その後、以下の事情が生じた。いかなる登記を申請すべきか。

1. 令和7年10月30日、Aの失踪宣告が取り消された。
2. 取消しの理由は、Aの死亡日時は令和6年7月14日であったことが判明したためである。

答え 以下の登記を申請すべきです。

1/1

登記の目的	2番所有権更正
原　因	錯誤
更正後の事項	原因　令和6年7月15日相続 共有者　持分2分の1　C 2分の1　D
権利者	CD
義務者	E
添付書類	登記原因証明情報 登記識別情報 印鑑証明書　住所を証する情報 代理権限を証する情報
登録免許税	金1000円（不動産1個について）

失踪宣告の取消しにより、Aは被相続人Xの死亡以前に死亡して

いたことになります。

したがって、Xの不動産は、代襲相続人であるＣＤがこれを直接承継することになります。

そこで、上記の更正登記を申請します。

参考○

事例**50**におけるXの相続関係は以下のとおりです。

【X死亡についての相続関係説明図】

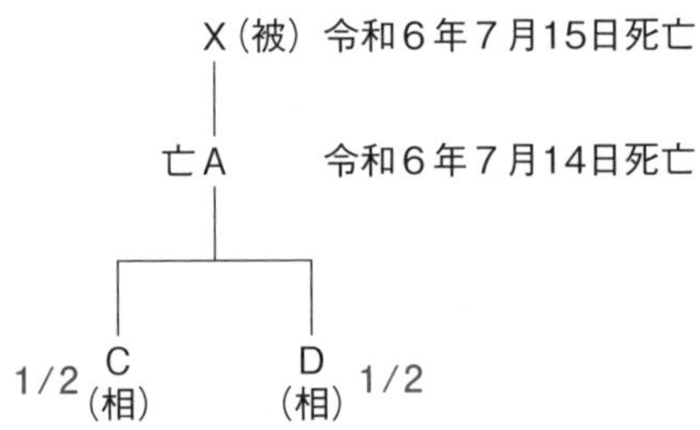

・CはXから特別受益は受けていないから、
Xの相続についての相続分はある。

事例51

以下の事例において、いかなる登記を申請すべきか。

甲区　２番　所有権移転　令和４年受付　所有者　X

1．Xは、甲不動産を令和６年７月15日にYに売却した。
2．Xは、令和６年10月15日に死亡した。
3．Xには配偶者AおよびBCがいる。なお、CはXより生前贈与を受けており、Xの相続に関しては相続分がない。

答え 以下の登記を申請します。

1/1

登記の目的	所有権移転
原　因	令和6年7月15日売買
権利者	Y
義務者	亡X相続人A
	同　　　　B
	同　　　　C
添付書類	登記原因証明情報
	登記識別情報
	印鑑証明書　住所を証する情報
	相続を証する情報　代理権限を証する情報
登録免許税	不動産価額の20/1000

本事例は、何の変哲もない、登記義務者死亡の場合の相続人による登記の例ですが、**特別受益者**であるCも**申請人となる**ことがポイントです。

特別受益者は、受けるべき相続分がないだけのことであり、相続人であることにちがいはありません。

したがって、Xの登記義務を他の相続人と同様に不可分的に承継しています。

事例52

以下の事例において、いかなる登記を申請すべきか。

甲不動産		何市何町何番地の土地			
甲区	1番	所有権保存	令和4年受付	所有者	X
乙区	1番	根抵当権設定	令和5年受付	極度額	金1000万円
				債権の範囲	Y取引

債務者　　　X
根抵当権者　Y

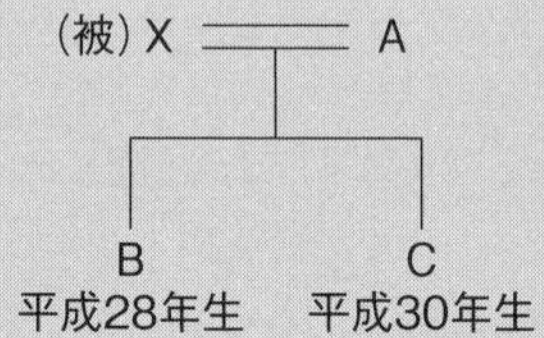

1．Xは令和６年７月15日に死亡した。
2．Xの相続関係は以下のとおりである。
（配偶者Aおよび子BCがいる。なお、Bは平成28年生まれ、Cは平成30年生まれとする。[上図参照]）
3．令和６年10月15日に、根抵当権者Yは設定者との間で、指定債務者をAとする合意をした。
4．根抵当権者Yは、令和７年１月10日、他管轄の不動産（所有者A）に根抵当権を追加設定した。
5．添付書類のうち、代理権限を証する情報については誰のいかなる書面であるかの特定記載を要する。

答え **解答不可能**

この問題は、出題に不備があります。

その理由は、**申請日がいつであるかということの記載がない**からです。

根抵当権について、指定債務者の合意の登記をすることができるかどうかは、合意の日ではなく、登記申請日が基準です。

登記申請日が、債務者死亡の日から６か月が経過した後であれば、合意の登記はすることができずに、根抵当権の元本は、債務者死亡の日をもって確定します。

以上、根抵当権の合意の登記を考える場合には、問題文中の「申請日はいつか」ということを**真っ先に探す**のが受験生の**最低限の心得**です。

漫然と解答すると墓穴を掘ります。

さて、では再度出題します。

事例53

以下の事例において、いかなる登記を申請すべきか。

甲不動産　何市何町何番地の土地

甲区	1番	所有権保存	令和4年受付	所有者	X
乙区	1番	根抵当権設定	令和5年受付	極度額	金1000万円
				債権の範囲	Y取引
				債務者	X
				根抵当権者	Y

1．Xは令和6年7月15日に死亡した。

2．Xの相続関係は以下のとおりである。
（配偶者Aおよび子BCがいる。なお、Bは平成28年生まれ、Cは平成30年生まれとする。Cは特別受益者であり、受けるべき相続分がない。[前事例**52**の図参照]）

3．令和6年10月15日に、根抵当権者Yは設定者との間で、指定債務者をAとする合意をした。

4．根抵当権者Yは、令和7年1月10日、他管轄の不動産（所有権の登記名義人はA）に根抵当権を追加設定した。

5．添付書類のうち、代理権限を証する情報については誰のいかなる書面であるかの特定記載を要する。

6．事実関係3についての登記の申請日は、令和7年1月15日である。

答え 以下の3つの登記を申請します。

1/3

登記の目的	所有権移転
原　因	令和６年７月15日相続
相続人	（被相続人　X）持分３分の２　A ３分の１　B
添付書類	登記原因証明情報*　住所を証する情報 代理権限を証する情報（AがBの親権者であることを証する戸籍全部事項証明書等、Aからの委任状）
登録免許税	不動産価額の4/1000

＊登記原因証明情報の一部としてＣの特別受益証明書を添付する（親権者ＡがＣの法定代理人として作成をする。特別受益の証明は、単なる事実証明だからＡＣ間に利益相反行為の問題は生じない。つまり、ＡＣ間の取引が存在しないから利益相反行為になりようがない）。

2/3

登記の目的	１番根抵当権変更
原　因	令和６年７月15日相続
変更後の事項	債務者　（被相続人　X）ＡＢＣ
権利者	Ｙ
義務者	ＡＢ
添付書類	登記原因証明情報 登記識別情報 印鑑証明書 代理権限を証する情報（ＡがＢの親権者であることを証する戸籍全部事項証明書等、Ａからの委任状、Ｙの委任状）

登録免許税　　金1000円（不動産1個について）

※特別受益者Cも債務を承継するので債務者として登記をする。しかし、設定者は、**1/3**において所有権を取得したABのみである。

※親子の利益相反行為の問題は生じない。相続の発生により民法の規定を根拠として債務者が変更されただけのことであり、AB間に取引が存在しないためである。

3/3

登記の目的	1番根抵当権変更
原　因	令和6年10月15日合意
指定債務者	A
権利者	Y
義務者	AB
添付書類	登記原因証明情報
	登記識別情報
	印鑑証明書
	代理権限を証する情報（Bの特別代理人の選任審判書とその者からの委任状、Aからの委任状、Yの委任状）
登録免許税	金1000円（不動産1個について）

※不動産のB持分について親権者Aを指定債務者とする根抵当権の変更を行うのであるから、**利益相反行為**である。

上記の3連件の登記が完了した後に、他管轄において以下の登記を申請する。

1/1

登記の目的	共同根抵当権設定（追加）
原　因	令和７年１月10日設定
極度額	金1000万円
債権の範囲	Ｙ取引
債務者	（Ｘ（令和６年７月15日死亡）の相続人）ABC 指定債務者（令和６年10月15日合意）Ａ
根抵当権者	Ｙ
設定者	Ａ
添付書類	登記原因証明情報 登記識別情報 印鑑証明書　前登記を証する情報 代理権限を証する情報（ＡとＹの委任状）
登録免許税	1500円（登録免許税法第13条第２項）
前登記の表示	何市何町何番地の土地　順位番号１番

※合意の登記がされた後に、根抵当権の追加設定をする場合、債務者の表示は上記のように記載する。

合意の登記がされると、根抵当権は債務者Ｘの死亡時に存する債務（これをＡＢＣが承継）のほか、根抵当権者と根抵当権設定者との合意により定めた債務者（Ａ）が相続開始後に負担する債務を担保する（民法398条の８第２項）から、このことを公示するために上記のような記載をするのである。

※この追加設定登記は親権者Ａのみが設定者であるから、利益相反行為に該当する余地はない。

事例54

以下の事例において、いかなる登記を申請すべきか。

甲区　1番　所有権保存　平成14年受付　所有者　甲市甲町1番地　X

1．Xの相続人は、子であるＡＢＣのみである。
2．Xは令和6年7月15日に死亡した。
3．令和6年10月15日、Aは自己の相続分をBに譲渡した。
4．なお、Xは、令和6年6月1日に「甲市甲町3番地」に住所を移転した。

答え 以下の登記を申請すべきです。

1/1

登記の目的	所有権移転
原　因	令和６年７月15日相続
相続人	（被相続人　X）持分３分の２　B
	３分の１　C
添付書類	登記原因証明情報*　住所を証する情報
	代理権限を証する情報
登録免許税	不動産価額の4/1000

＊登記原因証明情報の一部として、ＡからＢへの相続分譲渡証明書（Ａの印鑑証明書付き）を添付する。

相続分の譲渡とは、Ａが相続財産に対して取得した３分の１の割合的な権利を、そのまま、まるごと譲渡することを意味しています。

相続人間で相続分が譲渡された場合には、上記のような相続による所有権移転登記をすることができます。

【共同相続人間の相続分の譲渡のケース】

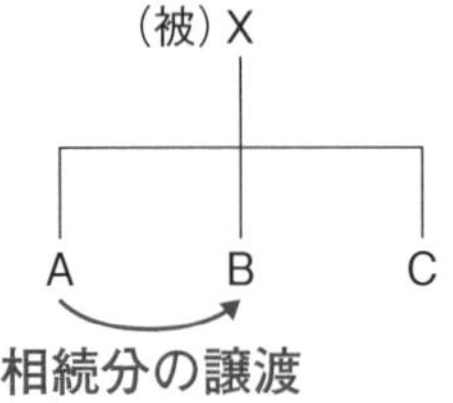

なお、Xは、令和６年６月１日に「甲市甲町３番地」に住所を移転しましたが、相続登記の前提として、登記名義人の住所変更登記をすることを要しません。

相続登記は、相続人が単独で申請するのであり、Xは、相続登記の登記義務者とならないからです。

この場合、登記原因証明情報の一部として、死亡したXと登記記録上のXが同一人物であることを証する、住民票の除票の写しなどを提供すれば足ります。

事例55

以下の事例において、いかなる登記を申請すべきか。

甲区　1番　所有権保存　平成14年受付　所有者　X

1．Xの相続人は、子であるＡＢＣのみである。
2．Xは令和６年７月15日に死亡した。
3．令和６年10月15日、Aは自己の相続分をDに売却した。

答え 以下の２つの登記を申請すべきです。

1/2

登記の目的	所有権移転
原　因	令和６年７月15日相続
相続人	（被相続人　X）持分３分の１　A

	3分の1　B
	3分の1　C
添付書類	登記原因証明情報　住所を証する情報
	代理権限を証する情報
登録免許税	不動産価額の4/1000

2/2

登記の目的	A持分全部移転
原　因	令和6年10月15日相続分の売買
権利者	持分3分の1　D
義務者	A
添付書類	登記原因証明情報
	登記識別情報
	印鑑証明書　住所を証する情報
	代理権限を証する情報
登録免許税	不動産価額の1/3の20/1000

相続を原因とする所有権移転登記において、**相続人以外の人が申請人として登場することはありえません。**

以上は、数学でいえば**定理**であると思ってもらってかまいません。

そのため、本事例においては、いったん法定相続分による所有権移転登記（単独申請）をした後に、A持分全部移転登記（共同申請）をすべきこととなります。

【共同相続人以外の者への相続分の譲渡のケース】

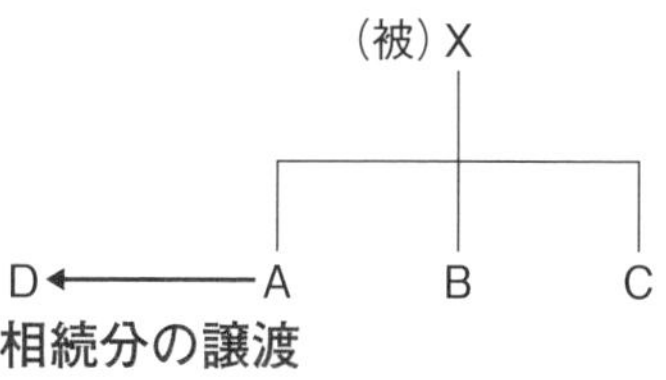

事例56

以下の事例において、いかなる登記を申請すべきか。

甲区　1番　所有権保存　平成24年受付　所有者　X

1．平成25年7月15日、Xが死亡した。
2．Xの相続人は、配偶者Aおよび子BCである。
3．Yは、平成26年7月15日に、当該不動産の占有を開始した。
4．令和6年7月16日、Yの取得時効が完成し、同年8月15日にYは時効を援用した。

答え　**以下の2つの登記を申請すべきです。**

1/2

登記の目的	所有権移転
原　因	平成25年7月15日相続
相続人	（被相続人　X）持分4分の2　A
	4分の1　B
	4分の1　C
添付書類	登記原因証明情報　住所を証する情報
	代理権限を証する情報
登録免許税	不動産価額の4/1000

2/2

登記の目的	共有者全員持分全部移転
原　因	平成26年7月15日時効取得
権利者	Y
義務者	ABC
添付書類	登記原因証明情報
	登記識別情報
	印鑑証明書　住所を証する情報

代理権限を証する情報
登録免許税　不動産価額の20/1000

時効取得者であるYが、その占有を開始する前に相続が発生していますから、この不動産の所有権は、X→ABC→Yの順で移転しています。

不動産登記簿は不動産の履歴書ですから、原則として、**権利変動の過程に忠実な記録**を要します。

したがって、上記のように2件の申請を必要とすることになります。

【本件不動産の所有権の履歴】

事例 57

以下の事例において、いかなる登記を申請すべきか。

甲区　2番　所有権移転　平成23年受付　所有者　Y
乙区　1番　抵当権設定　平成24年受付　抵当権者　㈱甲

1. 平成25年7月15日、㈱甲は㈱乙を存続会社とする合併をした。
2. Zは、平成26年7月15日に、当該不動産の占有を開始した。
3. 令和1年7月15日、Yが死亡した。
4. Yの相続人は、配偶者Aおよび子BCである。なお、CはYより生前贈与を受けており、Yの相続に関しては相続分がない。
5. 令和6年7月16日、Zの取得時効が完成し、同年8月15日にZは時効を援用した。

答え **以下の3つの登記を申請すべきです。**（**1/3**と**2/3**の順序は逆でもかまいません。）

1/3

登記の目的　所有権移転
原　因　　　平成26年7月15日時効取得
権利者　　　Z
義務者　　　亡Y相続人A
　　　　　　　同　　B
　　　　　　　同　　C
添付書類　　登記原因証明情報
　　　　　　登記識別情報
　　　　　　印鑑証明書　住所を証する情報
　　　　　　相続を証する情報　代理権限を証する情報
登録免許税　不動産価額の20/1000

2/3

登記の目的　1番抵当権移転
原　因　　　平成25年7月15日合併
抵当権者　　（被合併会社　㈱甲）
　　　　　　㈱乙　代表取締役何某
添付書類　　登記原因証明情報　資格を証する情報
　　　　　　代理権限を証する情報
登録免許税　債権額の1/1000

3/3

登記の目的　1番抵当権抹消
原　因　　　平成26年7月15日所有権の時効取得
権利者　　　Z
義務者　　　㈱乙　代表取締役何某
添付書類　　登記原因証明情報
　　　　　　登記識別情報

	資格を証する情報　代理権限を証する情報
登録免許税	金1000円（不動産１個について）

本事例では、時効取得者であるＺがその占有を開始した後に、所有権登記名義人であるＹについて相続が発生しています。

時効の効力は占有開始日にさかのぼりますから、この不動産の所有権は、Ｙ→Ｚの順で移転しています。

したがって、Ｙ→ＡＢＣの相続登記をしてはいけません。

しかし、乙区１番の抵当権者については、Ｚの占有開始より前に合併が発生しています。

不動産登記簿は、権利変動の過程に忠実な記録を要しますから、移転→抹消の段取りとなります。

したがって、抵当権に関しては、上記のように２件の申請を必要とすることになります。

【本件不動産の所有権の履歴】

第3節 遺　　贈

本節では、遺贈と相続に関連して基本事項から説明をします。

事例58

以下の事例において、いかなる登記を申請すべきか。

(甲土地)
甲区　2番　所有権移転　令和4年受付　所有者　X

1．Xは甲土地の所有者である。
2．Xは甲土地の所有権の2分の1をYに遺贈する旨の遺言をした。
3．令和6年7月15日、Xは死亡した。
4．Xの相続人は、配偶者Aおよび子BCである。なお、CはXより生前贈与を受けており、Xの相続に関しては相続分がない。
5．遺言執行者は選任されていない。

答え 以下の2つの登記を申請すべきです。

1/2

登記の目的	所有権一部移転
原　因	令和6年7月15日遺贈
権利者	持分2分の1　Y
義務者	亡X相続人A
	同　B
	同　C
添付書類	登記原因証明情報
	登記識別情報
	印鑑証明書　住所を証する情報
	相続を証する情報　代理権限を証する情報

登録免許税　不動産価額の1/2の20/1000

2/2

登記の目的　X持分全部移転
原　因　令和6年7月15日相続
相続人　(被相続人　X) 持分6分の2　A
持分6分の1　B
添付書類　登記原因証明情報　住所を証する情報
代理権限を証する情報
登録免許税　不動産価額の1/2の4/1000

上記のように、遺贈による権利の移転登記と、相続による権利の移転登記とでは、申請構造が異なります。

相続人以外の者への遺贈は共同申請、相続人への遺贈は登記権利者からの単独申請です。

さらに、遺贈を登記原因とする移転登記の場合には、所有権一部移転、何某持分一部移転という登記の目的を使用することがありえますが、相続を登記原因とする移転登記の場合には、所有権一部移転、何某持分一部移転という登記の目的を使用することがありません。

相続は**包括承継**ですから、相続を原因とする移転登記は、原則として**全部移転**に限られます。

したがって、この事例のように、遺贈による移転と相続による移転が同一不動産について競合したケースでは、遺贈による一部移転登記を最初に申請して、その余りの部分を相続により全部移転(持分移転)するという順番で登記をすることになります。

参考○相続人への遺贈

相続人に対する遺贈による所有権の移転の登記は、登記権利者が単独で申請することができます（不動産登記法63条3項）。

事例 59

以下の事例において、いかなる登記を申請すべきか。

(甲土地)

甲区　２番　所有権移転　令和４年受付　所有者　X

1．Xは甲土地の所有者である。
2．Xの相続人は、配偶者Aおよび子BCである。
3．Xは甲土地の持分の２分の１をCに遺贈する旨の遺言をした。遺言執行者はYである。
4．令和６年７月15日、XおよびCは同一の事故で死亡した。死亡の先後はあきらかではない。
5．Cには配偶者Dがいる。
6．以上の登場人物以外の者は存在しない。
7．添付書類のうち、代理権限を証する情報については誰のいかなる書面であるかの特定記載を要する。

答え 以下の申請をすべきです。

1/1

登記の目的	所有権移転
原　因	令和６年７月15日相続
相続人	（被相続人　X）持分２分の１　A
	２分の１　B
添付書類	登記原因証明情報　住所を証する情報
	代理権限を証する情報（AとBの委任状）
登録免許税	不動産価額の4/1000

本事例においては、遺贈はその効力が発生しません。

以下にその根拠条文を挙げます。

民法994条（受遺者の死亡による遺贈の失効）

１項　遺贈は、遺言者の死亡以前に受遺者が死亡したときは、その効力を生じない。

上記の「以前」という言葉は、同時死亡のケースを含みますから、同時死亡の推定（民法32条の２）が働く本事例においては、Ｘから Ｃへの遺贈は、もともと、なかったことになります。

とすれば、Ｘの財産はすべて**相続財産**として**相続人に承継**されることになります。

したがって、前記のような申請をすべきことになります。

なお、本事例では、遺言において遺言執行者が選任されていますが、本件登記は遺言の内容とは無関係であるため、遺言執行者が関与することはありません。

◆参考条文◆

民法32条の２

数人の者が死亡した場合において、そのうちの１人が他の者の死亡後になお生存していたことが明らかでないときは、これらの者は、同時に死亡したものと推定する。

事例 60

以下の事例において、いかなる登記を申請すべきか。

（甲土地）
甲区　2番　所有権移転　令和4年受付　甲市甲町1番地　所有者　X

1．Xは甲土地の所有者である。
2．Xの相続人は、配偶者AおよびXA夫婦間の子BCである。
3．Xは甲土地の持分の2分の1をBに遺贈、残りの2分の1をCに遺贈する旨の遺言をした。
4．令和6年7月15日、Xは死亡した。
5．令和6年7月16日、Cは死亡した。Cには配偶者Dがいる。
6．以上の登場人物以外の関係者は存在しないものとする。
7．添付書類のうち、代理権限を証する情報、印鑑証明書については誰のいかなる書面であるかの特定記載を要する。また、単独申請をすることができるケースでは、単独申請をするものとし、相続人の1人からのみ申請をすることができるケースでは、申請人はAとする。

答え 以下の2つの登記を申請すべきです。

1/2

登記の目的　所有権移転
原　因　令和6年7月15日遺贈
権利者　持分2分の1　（申請人）B
　　　　　　2分の1　亡C
　　　　　　　　　　上記相続人（申請人）A
義務者　X
添付書類　登記原因証明情報
　　　　　住所を証する情報
　　　　　相続を証する情報

	代理権限を証する情報（A及びBの委任状）
登録免許税	不動産価額の4/1000＊

＊遺贈による所有権移転の登録免許税率は、原則として20/1000であるが、相続人への遺贈であれば、税率が4/1000に軽減される。

2/2

登記の目的	C持分全部移転	
原　因	令和６年７月16日相続	
相続人	（被相続人　C）持分６分の２	D
	６分の１（申請人）	A
添付書類	登記原因証明情報　住所を証する情報	
	代理権限を証する情報（Aの委任状）	
登録免許税	不動産価額の1/2の4/1000	

本事例では、XからCへの遺贈の効力が発生した後に、Cが死亡しています。

したがって、BおよびCへの遺贈の対象である所有権の移転登記を行い（**1/2**）、しかる後に、C持分をCの相続人（配偶者Dおよび直系尊属のA）へと全部移転させます（**2/2**）。

甲土地の亡XからBおよび亡Cへの遺贈は相続人への遺贈ですから、その旨の所有権移転の登記は、登記権利者からの単独申請で行います（不動産登記法63条３項）。

事例**60**におけるXおよびCの相続関係は以下のとおりです。

【Xについての相続関係説明図】

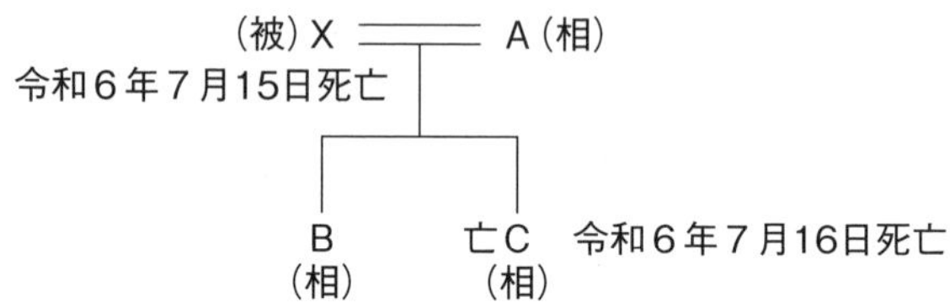

【Cについての相続関係説明図】

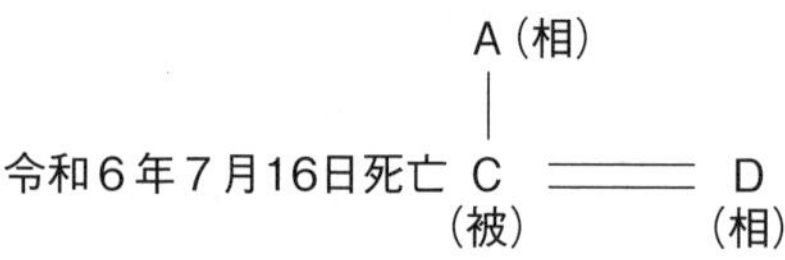

参考○登記識別情報の通知について

上記の**2/2**の相続登記においては、Aのみが申請人となりました。

この場合、登記識別情報はAのみに通知されます。

不動産登記法21条本文は、その登記をすることによって申請人自らが登記名義人となる場合に、その申請人に対して登記識別情報を通知すると規定しているため、申請人ではないDに対して登記識別情報が通知されることはありません。

したがって、この後にDが登記義務者となる場合の手続は、原則として事前通知の方式（不動産登記法23条１項）によることになります。

◈参考条文◈

不動産登記法21条（登記識別情報の通知）

登記官は、その登記をすることによって申請人自らが登記名義人となる場合において、当該登記を完了したときは、法務省令で定めるところにより、速やかに、当該申請人に対し、当該登記に係る登記識別情報を通知しなければならない。ただし、当該申請人があらかじめ登記識別情報の通知を希望しない旨の申出をした場合その他の法務省令で定める場合は、この限りでない。

次に、**遺言執行者の代理権の範囲**を考えてみましょう。

遺言の中で遺言執行者を指定しておくという通常のパターンにおいては、遺言執行者の代理権限を証する情報の中身は、遺言書と遺言者の死亡の記載がある戸籍全部事項証明書等です。

遺言は、遺言者の死亡により効力が発生しますから、この点を証明するために、戸籍全部事項証明書等を添付しますが、そのほかに遺言書も、もちろん必要となります。

このことは何を意味するのでしょうか。

それは、単に、ある人物の遺言執行者が誰かということを証明するだけの意味ではありません。

遺言書に記載があることについてだけ、遺言執行者に代理権限が認められるということを意味します。

簡単にいえば、遺言執行者の代理権限は、「遺言書に書いてあることの実現」に限られることになります。

事例61

以下の事例において、いかなる登記を申請すべきか。

(甲土地)
甲区　２番　所有権移転　令和１年受付　所有者　X

1．Xは甲土地の所有者である。
2．Xの相続人は、配偶者Aおよび子ＢＣである。
3．Xは甲土地の所有権をＢに遺贈する旨の遺言をした。遺言執行者はＹである。
4．その後、令和６年７月10日に、Xは甲土地をＣに売却した。
5．令和６年７月15日、Xは死亡した。
6．添付書類のうち、代理権限を証する情報については誰のいかなる書面であるかの特定記載を要する。

答え　以下の登記を申請すべきです。

1/1

登記の目的	所有権移転
原　因	令和６年７月10日売買
権利者	Ｃ
義務者	亡Ｘ相続人Ａ 同　Ｂ 同　Ｃ
添付書類	登記原因証明情報 登記識別情報 印鑑証明書　住所を証する情報 相続を証する情報　代理権限を証する情報 （ＡＢＣの委任状）
登録免許税	不動産価額の20/1000

本事例では、遺言の効力が発生しません。

遺言の制度趣旨は、**遺言者の最終意思の尊重**ということにあります。

ですから、前の遺言の内容が後の遺言と抵触する場合であれば、後の遺言で前の遺言を**撤回**したものとみなされます。(民法1023条１項)

また、本事例のように、遺言をした後に、遺言者がこれと抵触する生前行為（Ｃへの売買）をした場合にも、遺言は撤回されたものとみなされます。(民法1023条２項)

後に行った生前行為が、遺言者の最終意思であるからです。

したがって、本事例においては、上記のように売買を登記原因とするＣへの所有権移転登記を申請すべきです。

この登記において、**遺言執行者の出る幕はありません**。

申請情報の内容が、遺言書の内容と抵触しているからです。

◆参考条文◆

民法1023条（前の遺言と後の遺言との抵触等）

１項　前の遺言が後の遺言と抵触するときは、その抵触する部分については、後の遺言で前の遺言を撤回したものとみなす。

２項　前項の規定は、遺言が遺言後の生前処分その他の法律行為と抵触する場合について準用する。

事例62

以下の事例において、いかなる登記を申請すべきか。

(甲土地)

甲区　2番　所有権移転　令和4年受付　所有者　X

1．Xは甲土地の所有者である。
2．Xの相続人は、妻Aおよび子BCである。
3．Xは、AおよびBに甲土地を各2分の1の割合で相続させるという趣旨の遺言をした。
4．妻Aが死亡した。
5．その後、Xは、甲土地の所有権の一部（この持分2分の1）をYに売却しその旨の移転登記をした。
6．Xは、令和6年7月15日、死亡した。

答え　以下の登記を申請すべきです。

1/1

登記の目的	X持分全部移転
原　因	令和6年7月15日相続
相続人	(被相続人　X）持分2分の1　B
添付書類	登記原因証明情報*　住所を証する情報 代理権限を証する情報
登録免許税	不動産価額の1/2の4/1000

*登記原因証明情報の一部として遺言書を添付する。

本事例における、XからYへの土地の所有権の一部の売却は、遺言内容と抵触しないと考えられます。

したがって、遺言書に記載があるとおりの「相続」を登記原因とするBへのX持分全部移転登記をすることが可能です。

事例63

以下の事例において、いかなる登記を申請すべきか。

(甲土地)
甲区　2番　所有権移転　令和4年受付　所有者　X

1. Xは甲土地の所有者である。
2. Xの相続人は、子AB2名のみである。
3. Xは次の内容の遺言をした。「遺言執行者Zは相続財産中の甲土地を売却し、その代金から負債を支払い、残額をCに遺贈する。」
4. Xは、令和6年7月15日、死亡した。
5. 遺言執行者Zは、令和6年10月15日、甲土地をYに売却した。
6. 添付書類のうち、代理権限を証する情報については誰のいかなる書面であるかの特定記載を要する。

答え 以下の2つ登記を申請すべきです。

1/2

登記の目的	所有権移転
原　因	令和6年7月15日相続
相続人	(被相続人　X) 持分2分の1　A 2分の1　B
添付書類	登記原因証明情報　住所を証する情報 代理権限を証する情報 (Xの遺言書、Xの死亡の記載のある戸籍全部事項証明書等、Zの委任状)
登録免許税	不動産価額の4/1000

2/2

登記の目的	共有者全員持分全部移転

第3章 事件と相続関連

原　因	令和６年10月15日売買
権利者	Ｙ
義務者	ＡＢ
添付書類	登記原因証明情報 登記識別情報 印鑑証明書　住所を証する情報 代理権限を証する情報（Ｙの委任状、Ｘの遺言書、Ｘの死亡の記載のある戸籍全部事項証明書等、Ｚの委任状）
登録免許税	不動産価額の20／1000

→**2/2**の申請情報に添付する印鑑証明書は、遺言執行者であるＺのものである。

本事例は、いわゆる、**清算型遺贈**といわれる方式であり、本試験においても出題例があります。

本事例においては、**1/2**の相続登記を省略することはできません。

遺言者が死亡し、遺言執行者が買主を探し出して売却をするまでの間には時間の経過があります。

その間、甲土地の所有権は民法の規定により**遺言者の相続人に帰属していたことになる**からです。

本事例の２件目の登記であるＹとの売買については、遺言書の内容に合致しますから、遺言執行者からの登記申請をすべきことになります。

これに対して、１件目の法定相続分による相続登記は遺言書にはこれを遺言執行者が行うという記載はありません。

しかし、遺言執行者の職務内容である２件目の登記をするためには、その前提登記として１件目の相続登記をしなければなりませんから、遺言執行者が相続人を代理して登記申請をすることができると考えられます。

【本件不動産の所有権の履歴】

事例64

以下の事例において、いかなる登記を申請すべきか。

（甲土地）
甲区　２番　所有権移転　令和４年受付　所有者　X

1．Xは甲土地（農地）の所有者である。
2．Xの相続人は、子AB２名のみである。
3．令和６年６月15日、Xは、甲土地をYに売却し、同日、農地法所定の許可申請をした。
4．Xは、令和６年７月15日、死亡した。
5．農地法の許可は、令和６年８月15日に到達した。

答え 以下の２つの登記を申請すべきです。

1/2

登記の目的	所有権移転
原　因	令和６年７月15日相続
相続人	（被相続人　X）持分２分の１　A
	２分の１　B
添付書類	登記原因証明情報　住所を証する情報 代理権限を証する情報
登録免許税	不動産価額の4/1000

2/2

登記の目的	共有者全員持分全部移転
原　因	令和６年８月15日売買
権利者	Ｙ
義務者	ＡＢ
添付書類	登記原因証明情報 登記識別情報 印鑑証明書　住所を証する情報 許可を証する情報　代理権限を証する情報
登録免許税	不動産価額の20/1000

農地の売買による所有権移転は、**農地法の許可**がない限りはその**効力が発生しません**。

したがって、農地の所有権が買主であるＹに移転するのは、令和６年８月15日（許可書到達日）となります。

Ｘの死亡の日から、許可書到達の日までは、この土地の所有権はＸの相続人であるＡおよびＢに帰属していますから、その旨の相続登記（**1/2**）を申請します。

その後に、Ｙへの移転登記の段取りとなります。

【本件不動産の所有権の履歴】

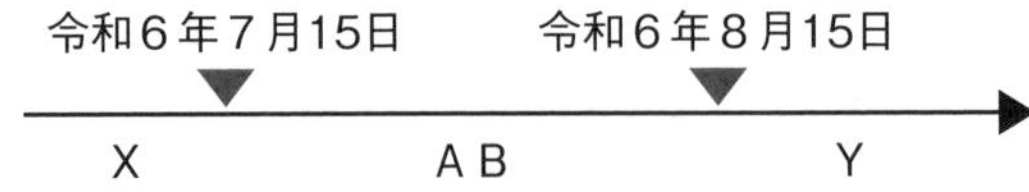

事例65

以下の事例において、いかなる登記を申請すべきか。

(甲土地)
甲区　2番　所有権移転　令和4年受付　所有者　X

1．Xは甲土地（農地）の所有者である。
2．Xの相続人は、子AB2名のみである。
3．令和6年6月15日、Xは甲土地をYに売却し、同日、農地法所定の許可申請をした。
4．XおよびYは、令和6年7月15日、死亡した。
5．農地法の許可は、令和6年8月15日に到達した。

答え **以下の登記を申請すべきです。**

1/1

登記の目的	所有権移転
原　因	令和6年7月15日相続
相続人	（被相続人　X）持分2分の1　A
	2分の1　B
添付書類	登記原因証明情報　住所を証する情報
	代理権限を証する情報
登録免許税	不動産価額の4/1000

農地法の許可がある前に買主が死亡した場合には、**許可は無効**となります。

したがって、本事例では、Yを買主とする売買が成立することはありません。

甲土地の所有権は、売主Xの相続人に承継されることになります。

参考○農地法所定の許可の意味

農地法が、農地の所有権移転等の物権変動について、原則として知事等の許可を要するとした趣旨は、もちろん、農地の荒廃を防ぐことにあります。

いったん荒廃した農地を耕作可能な状態に戻すのは大変なことですから、農地の手入れはこまめにしなければなりません。

したがって、農地法の許可において、何を基準に許可の可否を判断するかといえば、それは、買主等権利を取得するものに、こまめに農地の手入れをする能力と意欲があるかどうかが問題となります。

そこで、その肝心な買主等が死亡してしまえば、許可が無効となるのは当然の話といえます。

買主等の相続人が東京でサラリーマンをしていれば農地は荒廃を免れないと考えられるからです。

これに対して、農地法の許可書到達の翌日に買主が死亡したらどうなるでしょうか。

この場合には、許可の効力が発生していますから、買主が農地の所有権を取得します。そして、その翌日に相続が発生して、農地の所有権は買主の相続人に移転します。

(相続による物権変動について、農地法の許可が問題になることはありえません。相続の発生により、相続人が被相続人の財産上の権利義務を包括承継するということは民法が規定することですから、知事が国法に対して許可をすることができるわけがないということになります。) したがって、この場合は、東京でサラリーマンをしている相続人が農地を取得します。

【X→Yの農地の売買】

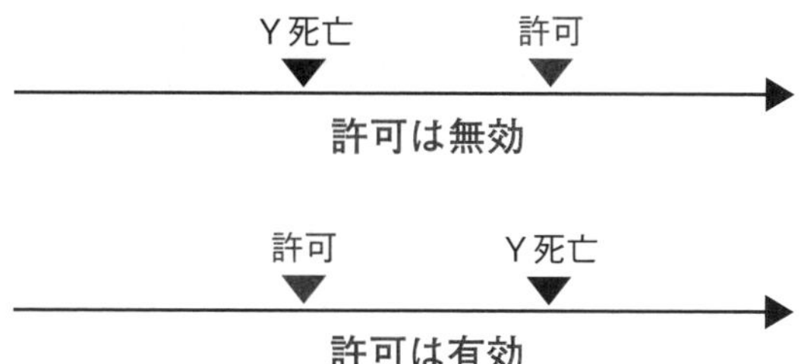

第４章

その他の諸問題

第１節 登記識別情報がないケース

登記識別情報が存在しないケースとしては、典型例が２つあります。

第１は、債権者代位による登記がされているケースです。

次のような事例です。

甲区　１番　所有権移転　平成16年受付　所有者　Ａ
　　　２番　所有権移転　令和６年受付
　　　　　　原因　令和６年７月15日相続
　　　　　　　　　　所有者　　持分２分の１　Ｙ
　　　　　　　　　　　　　　　持分２分の１　Ｂ
　　　　　　　　　　代位者　　Ｘ
　　　　　　　　　　代位原因　年月日金銭消費貸借の強制執行

上記の登記は、次のような事情のある場合にＸから申請されたものと思われます。

ＸはＹに対する貸金返還請求訴訟において勝訴をし、その判決が確定しました。

しかし、Ｙは任意に支払をしません。

Ｙには、めぼしい財産がないのですが、Ｙの父Ａが最近死亡したことがわかりました。

そこで、債権者Ｘは、債務者Ｙが、父であるＡから承継した財産を差し押さえようとしたのです。

その前提として、相続による所有権移転登記を代位により申請しました。

実は、上記の登記の記載例は、Xの目的からすれば完成途上のものでありまして、Xはさらに執行裁判所に申立てをして、強制競売開始決定を受けたうえで、この不動産の**Y持分差押えの登記**を書記官に嘱託してもらう段取りになります。

さて、では、この登記の記録を前提に、次の状況が起きた場合にはどういう登記申請をすべきでしょうか。

事例66

1．債務者Yが家庭裁判所への申述により、令和6年10月15日に相続を放棄していた場合。
2．令和6年10月15日、共同相続人のYとBの間で当該不動産をBの単独所有とする遺産分割協議を行った場合。

いずれも、登録免許税の安い方法で申請するものとする。

答え **以下の登記をすべきことになります。**

1について

1/1

登記の目的	2番所有権更正
原　因	令和6年10月15日相続放棄
更正後の事項	所有者　B
権利者	（申請人）B
義務者	Y
添付書類	登記原因証明情報
	承諾を証する情報　代理権限を証する情報
登録免許税	金1000円（不動産1個について）

債権者代位による登記の場合には、登記識別情報が登記名義人に通知されることはありません。

しかし、本件登記は、法定相続分による所有権の移転の登記がされた後の、「年月日相続放棄」を原因とする所有権の更正登記です。この登記は、登記権利者Bが単独で申請できますので、もともとYは申請人とはなりません。よって登記識別情報の不通知は登記の申請に支障を及ぼしません。

なお、このケースでは、**代位者であるXの存在**も忘れてはいけません。

添付書類中の「承諾を証する情報」は**Xの承諾書等**のことです。

所有権更正登記は、一部抹消登記の実質がありますから、不動産登記法68条を根拠に承諾書等の添付を要します。

代位者の承諾書等（または、承諾にかわる判決の謄本等）の提供がなければこの登記は受理されません。

また、問題文の指示に反しますが、本事例で、「真正な登記名義の回復」によるY持分のBへの全部移転登記をした場合は、登記の申請をBとYが共同して行うこととなるので、Yについて資格者代理人が本人確認情報を作成するか、事前通知の仕組みで登記の申請を行うこととなります。この場合、代位者の承諾は不要となります。

2について

1/1

登記の目的	２番所有権更正
原　因	令和６年10月15日遺産分割
更正後の事項	所有者Ｂ
権利者	（申請人）Ｂ
義務者	Ｙ
添付書類	登記原因証明情報
	承諾を証する情報　代理権限を証する情報
登録免許税	金1000円（不動産１個について）

本件も、登記権利者のＢが、単独で、所有権の更正登記を申請することができます。

前問と同様に、代位者Ｘの承諾情報の提供を要することとなります。

なお、本件登記に代えて、遺産分割によるＹ持分全部移転登記の申請を行った場合、代位者Ｘの承諾情報は不要ですが、登録免許税が定率課税（税額は不動産価額の1/2×4/1000）となります。

参考○法定相続分による共同相続登記の更正

法定相続分による所有権の移転の登記がされた場合、次の４つの事情により所有権を取得した相続人は、自らを登記権利者として単独で所有権更正登記を申請することができます。

1．遺産の分割の協議、調停、審判
2．他の共同相続人による相続の放棄
3．特定財産承継遺言があったこと
4．相続人を受遺者とする遺贈があったこと

登記識別情報が存在しないケースの第２は、未登記不動産について処分制限の登記が嘱託されたケースです。

次のような登記の記録例となります。

甲区　１番　所有権保存　　　　　　　　　　　　　　所有者　A
　　　　　　年月日順位２番の差押の登記をするために登記
　　　２番　差押　令和６年受付第○号
　　　　　　原因　年月日何地方裁判所強制競売開始決定
　　　　　　　　　　　　　　　　　　　　　　　　　債権者　X

上記の記録例においては、XがAに対して債務名義をもっています。

そして、執行文の付与を受けたうえで、執行裁判所に出向いて強制競売開始決定の申立てをしたということがわかります。

甲区１番の登記には、受付年月日と番号の記載がありません。

これが、職権登記の特徴です。

これに対して２番の差押えの登記には、受付年月日と受付番号が存在します。

執行裁判所の裁判所書記官から送付された、差押えの登記嘱託書が登記所において受け付けられた、その時の受付番号です。

このように、甲区１番の登記には申請人なるものが存在しませんから、Aに対して登記識別情報の通知はされていません。

さて、では、この登記の記載を前提に、次の状況が起きた場合にはどういう登記申請をすべきでしょうか。

事例 67

Aは、甲不動産の所有者ではなかった。

（甲不動産）
甲区　１番　所有権保存　所有者A
　　　　　　年月日順位２番の差押の登記をするために登記
　　　２番　差押　令和６年受付第○号
　　　　　　原因　年月日何地方裁判所強制競売開始決定
　　　　　　　　　債権者　X

そこで、職権によりなされた所有権保存の登記を抹消したい。どういう申請をすればよいか。

答え 以下の登記を申請します。

1/1

登記の目的	１番所有権抹消
原　因	錯誤
申請人	A
添付書類	登記原因証明情報　印鑑証明書 承諾を証する情報　代理権限を証する情報
登録免許税	金1000円（不動産１個について）

上記の申請書も、本人確認情報が添付されていませんから、事前通知制度を利用しての登記申請ということになります。

承諾を証する情報は、差押えの登記名義人であるXのものを添付します。

この承諾を証する情報を添付したことにより、Xの差押えの登記は職権で抹消されます。

つまり、Xがした承諾の内容というのは、登記官がXの差押えの登記を抹消することについての承諾です。

第2節 民事訴訟と登記

事例68

以下に記載した登記簿上のXが3番所有権移転登記の抹消を申請したい。

しかし、YとZはこれに協力しない。

Xは、いかなる訴訟を提起する必要があるか。

訴状における請求の趣旨の書き方を答えよ。

解答は2とおりある。

（A不動産）

甲区	2番	所有権移転	令和4年受付	所有者	X
	3番	所有権移転	令和6年受付100号	所有者	Y
乙区	1番	抵当権設定	令和6年受付101号	抵当権者	Z

答え 1つめのパターン

「ZはA不動産の乙区1番抵当権設定登記の抹消登記手続をせよ」との判決を求める。

「YはA不動産の甲区3番所有権移転登記の抹消登記手続をせよ」との判決を求める。

以上の2つを請求の趣旨として訴求します。

Xが勝訴すると、判決主文に以下の事項が明記されます。

第１の判決

「ＺはＡ不動産の乙区１番抵当権設定登記の抹消登記手続をせよ」

第２の判決

「ＹはＡ不動産の甲区３番所有権移転登記の抹消登記手続をせよ」

この判決が確定すれば、以下の２つの登記申請が可能となります。

1/2

登記の目的	１番抵当権抹消
原　因	錯誤

2/2

登記の目的	３番所有権抹消
原　因	錯誤

以上２つの登記はいずれも権利者Ｘからの単独申請です。

したがって、代理権限を証する情報はＸの委任状のみ添付します。

→なお、登記原因は錯誤に限られるわけではない。

２つめのパターン

「ＺはＡ不動産の甲区３番所有権移転登記の抹消登記手続を承諾せよ」との判決を求める。

「ＹはＡ不動産の甲区３番所有権移転登記の抹消登記手続をせよ」との判決を求める。

以上の２つを請求の趣旨として訴求します。

Ｘが勝訴すると判決主文に以下の事項が明記されます。

第１の判決

「ＺはＡ不動産の甲区３番所有権移転登記の抹消登記手続を承諾

せよ」
第２の判決
「ＹはＡ不動産の甲区３番所有権移転登記の抹消登記手続をせよ」

この判決が確定すれば、以下の登記申請が可能となります。

1/1

登記の目的	３番所有権抹消
原　因	錯誤
権利者	（申請人）Ｘ
義務者	Ｙ
添付書類	登記原因証明情報＊[1]　承諾を証する情報＊[2] 代理権限を証する情報
登録免許税	金1000円（不動産１個について）

＊１　登記原因証明情報は第２の判決書の正本（確定証明書付）
＊２　承諾を証する情報は第１の判決書の謄本（確定証明書付）
→なお、登記原因は錯誤に限られるわけではない。

この登記は、権利者Ｘからの単独申請です。
したがって、代理権限を証する情報はＸの委任状のみ添付します。

以上に述べたことが**判決による登記の基本**です。
判決による登記の基本形は、登記義務者が登記申請に協力しない場合に、登記に協力しない者を被告として登記手続を命じる判決を得て、判決を得た者から、単独で登記を申請するパターンです。
場合によっては、登記義務者が登記権利者を訴えることもありえます。

この場合の急所は、判決による登記をする場合には、被告に「**登記手続**」を命じる判決を求めるという点です。

判決による登記は、登記義務者の「登記を申請する」という登記所に対する意思表示を擬制するものですから、判決主文に「**登記手続をせよ**」と書いていなければなりません。

もちろん、この記載は「**判決主文**」中に書かれている必要があります。

その理由は、判決の既判力は、判決主文中の判断にのみ生じるという民事訴訟の基本的な考え方にあります。

つまり、判決が確定するという場合に、何が確定するのかといえば、それは判決主文の内容だけであり、理由中の判断ではありません。

以上のように、判決による登記に使用可能な登記原因証明情報（判決書正本）は、**被告に登記手続自体を命じる確定の給付判決**であることを要します。

確認判決や形成判決ではダメです。

たとえば、「所有権は原告にあることを確認する」という判決からは、被告が登記手続をする義務は生じません。

参考○被告は登記手続に必要な書類を交付せよという判決の場合

この判決が確定した場合に、原告がすることができるのは、登記ではありません。被告が保有しているはずの登記済証等の書類を求めての動産執行です。

判決による登記では、判決に準じるものを登記原因証明情報として使用することができます。

たとえば、裁判上の「和解調書」です。

この場合には、和解条項として「被告は原告に対し年月日売買を原因としてA不動産の所有権移転登記手続をする」というような事項が明記されていることを要します。

登記申請意思の明確なものでなければなりません。

和解調書のほかに、認諾調書、調停調書、家事事件手続法による審判も、判決に準じるものに該当します。

事例69

以下に記載した登記簿上のXが3番所有権移転登記の抹消を申請したい。

しかし、YとZはこれに協力しない。

Xが訴訟を提起する前に打つべき手はあるか。

（A不動産）

甲区	2番	所有権移転	令和4年受付	所有者	X
	3番	所有権移転	令和5年受付100号	所有者	Y
乙区	1番	抵当権設定	令和5年受付101号	抵当権者	Z

答え **Yに対する処分禁止の仮処分の申立てを行うべきでしょう。**

場合によっては、抵当権者のZに対しても、仮処分の申立てを行うことも考えられます。

処分禁止の仮処分の意味を考える前に、Xがいきなり、YおよびZに対して訴訟を提起した場合を考えてみましょう。

この場合に、A不動産は、その所有権が裁判所において係争中であるというだけの話であり、かつ、そのことは登記官の知るところではありません。

また、実体法の問題としても、係争中の不動産を処分してはいけないというルールはどこにもありません。

Yはこの不動産を自由に売却することができるし、また、その登記をすることも可能です。

そこで、Yがこの不動産を甲に売却しその登記を入れると、登記簿の記録は以下の状況になります。

（A不動産）

甲区	2番	所有権移転	令和4年受付	所有者　X
	3番	所有権移転	令和5年受付100号	所有者　Y
	4番	所有権移転	令和6年受付	所有者　甲
乙区	1番	抵当権設定	令和5年受付101号	抵当権者Z

さて、訴訟係属中に、この権利変動があった場合には、原告であるXの立場はどうなるでしょうか。

仮に、訴訟承継の手続をしなかったとすれば、原告のXが勝訴したときに、「YはA不動産の甲区3番所有権移転登記の抹消登記手続をせよ」という判決がされますが、それでは目的の登記を達成することはできないという状況になります。

なぜなら、この判決は、Yの登記申請意思を擬制するだけであり、**甲の意思はそこに織り込まれてはいない**からです。

つまり、XY間の訴訟は、第三者である甲とは無関係です。

その理由は、**甲は裁判所には来ていない**からです。

したがって、原告のXが、目的とする3番所有権抹消登記を実現するためには、甲に対して4番所有権の抹消登記手続を求める訴訟を新たに提起する必要が生じます。

さらに、その訴訟係属中に、第三者である乙が甲から不動産の譲渡を受けその登記がなされると、今度は乙に対する5番所有権の抹消登記手続を求める訴訟の提起を要します。

つまり、原告Xの目的を達成するためには、永遠のいたちごっこをしなければならなくなる可能性があるのです。
そこで、本事例においては、実務上の感覚として、Xは訴訟提起前に3番所有権の登記名義人であるYに対する**処分禁止の仮処分**の申立てを行うべきであると考えられます。
処分禁止の仮処分には種々ありますが、本事例のように、不動産の権利に関する登記（仮登記を除く）を請求する権利（登記請求権）を保全するための処分禁止の仮処分は、処分禁止の仮処分の登記を嘱託する方法により執行します。

この処分禁止の仮処分の登記が入ると、原告であるXは現在の被告であるYに対して勝訴をすれば、仮処分後に登記簿上に登場する人物の権利であって自己の権利に抵触するものをすべて否定することができます。
この点を、順を追って説明しましょう。

まず、Xによる処分禁止の仮処分が認められ、処分禁止の仮処分の登記がされると、登記簿は以下の状況となります。

（A不動産）

甲区	2番	所有権移転	令和4年受付	所有者　X
	3番	所有権移転	令和5年受付100号	所有者　Y
	4番	処分禁止仮処分	令和6年受付50号	
		原因　何地方裁判所仮処分命令		債権者　X
乙区	1番	抵当権設定	令和5年受付101号	抵当権者Z

これで、Xによる仮処分が公示されました。
さて、処分禁止の仮処分がされたとしても、Yがこの不動産を処分することはできます。
処分禁止の仮処分がされたのに処分ができるというのは奇異な感

じがするかもしれませんが、まだＸＹ間の訴訟はこれからが本番という状況です。

Ｙはまだ敗訴したわけではないので、処分行為自体は禁止されません。

では、ＹがＡ不動産を甲に売却し、さらに甲が乙に対して抵当権を設定したとしましょう。

この場合には、登記簿の記録は以下のようになります。

Ａ不動産

権　利　部（甲区）（所有権の権利に関する事項）			
順位番号	登記の目的	受付年月日・受付番号	権利者その他の事項
2	所有権移転	令和４年○月○日	所有者　Ｘ
3	所有権移転	令和５年○月○日 第100号	所有者　Ｙ
4	処分禁止仮処分	令和６年○月○日 第50号	原因　何地方裁判所仮処分命令 債権者　Ｘ
5	所有権移転	令和６年○月○日 第200号	所有者　甲

権　利　部（乙区）（所有権以外の権利に関する事項）			
順位番号	登記の目的	受付年月日・受付番号	権利者その他の事項
1	抵当権設定	令和５年○月○日 第101号	抵当権者　Ｚ
2	抵当権設定	令和６年○月○日 第201号	抵当権者　乙

登記簿の記録が上記のようになった後に、ＸがＹおよびＺに対する訴訟に勝訴した場合にはどうなるでしょうか。

この場合には、Ｘは仮処分に後れる登記を、単独で抹消することができます。

処分禁止の仮処分の登記が存在していることを知りつつ所有権を取得した甲や、抵当権者の乙は、これを甘受せざるをえません。

もともと、仮処分とはいえ、処分が禁止されていた不動産の処分を、あえて受けた者だからです。

事例 70

上記の登記簿の記載がされている場合に、Xが3番所有権を抹消する際には、いかなる登記を申請すべきか。

なお、Xは、Yに対する所有権抹消登記手続を求める訴え、Zに対しては3番所有権抹消登記手続を承諾せよとの訴えを提起し、それぞれ勝訴し、その判決が確定している。

答え 以下の3つの登記を申請します。（以下3件同順位）

1/3

登記の目的	2番抵当権抹消
原　因	仮処分による失効
義務者	乙
申請人	X
添付書類	通知をしたことを証する情報*1 代理権限を証する情報
登録免許税	金1000円（不動産1個について）

2/3

登記の目的	5番所有権抹消
原　因	仮処分による失効
義務者	甲
申請人	X
添付書類	通知をしたことを証する情報　代理権限を証する情報
登録免許税	金1000円（不動産1個について）

3/3

登記の目的	３番所有権抹消
原　因	錯誤
権利者	（申請人）Ｘ
義務者	Ｙ
添付書類	登記原因証明情報＊2　承諾を証する情報＊3 代理権限を証する情報
登録免許税	金1000円（不動産１個について）

＊１　通知をしたことを証する情報

登記義務者に対する抹消登記を行うことの通知を行ったことを証する書面（内容証明郵便）である。

＊２　登記原因証明情報はＹに対する判決書の正本（確定証明書付）

＊３　承諾を証する情報はＺに対する判決書の謄本（確定証明書付）

→なお、登記原因は錯誤に限られるわけではない。

上記の登記申請は、すべてＸからの単独申請で行っています。

したがって、代理権限を証する情報は、いずれもＸからの委任状のみです。

また、仮処分による失効の登記をする場合には、登記原因証明情報を要しません。

次に、仮処分に後れる登記の単独抹消は、仮処分債権者が、自己が保全していた登記請求権を実現する登記と同時に申請することを要します。

上記の３件の登記申請後の登記簿の記録は、以下のとおりとなります。

A不動産

権　利　部（甲区）（所有権の権利に関する事項）			
順位番号	登記の目的	受付年月日・受付番号	権利者その他の事項
2	所有権移転	令和４年○月○日	所有者　X
3	所有権移転	令和５年○月○日 第100号	所有者　Y
4	処分禁止仮処分	令和６年○月○日 第50号	原因　何地方裁判所仮処分命令 債権者　X
5	所有権移転	令和６年○月○日 第200号	所有者　甲
6	５番所有権抹消	令和６年○月○日 第500号	原因　仮処分による失効
7	３番所有権抹消	令和６年○月○日 第500号	原因　錯誤
8	４番仮処分登記抹消		仮処分の目的達成により年月日登記

権　利　部（乙区）（所有権以外の権利に関する事項）			
順位番号	登記の目的	受付年月日・受付番号	権利者その他の事項
1	抵当権設定	令和５年○月○日 第101号	抵当権者　Z
2	抵当権設定	令和６年○月○日 第201号	抵当権者　乙
3	２番抵当権抹消	令和６年○月○日 第500号	原因　仮処分による失効
4	１番抵当権抹消		甲区７番の登記をしたことにより年月日登記

●解説●

乙区３番の抵当権抹消登記は申請書**1/3**によりされた登記です。

甲区６番の所有権抹消登記は申請書**2/3**によりされた登記です。

甲区７番の所有権抹消登記は申請書**3/3**によりされた登記です。

※上記３件の登記は同時申請であるから、受付番号がすべて同じ（令和６年受付500号）になっている。

乙区４番の抵当権抹消登記は申請書**3/3**に抵当権者Ｚの承諾書

に代わる判決を添付したことにより登記官が職権でしたものです。

甲区８番の仮処分抹消登記はＸが仮処分による失効の登記（上記**1/3**と**2/3**）を申請したことにより登記官が職権でしたものです。

事例 71

以下の事例において、いかなる登記を申請すべきか。

1．Ａ不動産の登記簿の表題部に甲が所有者として登記されている。（権利部には登記記録はない）

2．乙は、甲に対して訴訟を提起し勝訴した。

3．判決主文には、「甲は乙に対して令和何年何月何日売買によるＡ不動産の所有権移転登記手続をせよ」と書いてある。

4．乙はいかなる登記申請をすることができるか。パターンは2つあるが簡単なほうの手続をせよ。

答え **以下の登記を申請します。**

1/1

登記の目的	所有権保存
所有者	乙
添付書類	住所を証する情報 所有権を有することが判決によって確認されたことを証する情報 代理権限を証する情報
登録免許税	不動産価額の4/1000

所有権保存登記は、所有権を有することが**判決によって確認された者**から申請することができます。

この場合の判決は、**登記義務者の申請意思を擬制するものではありません。**

なぜなら、所有権保存登記においては、登記義務者は存在しないからです。

また、この場合に添付情報となる判決書の謄本には、登記原因証明情報としての性質もありません。

所有権保存登記に登記原因はないからです。

そこで、この場合の判決は、確認判決、形成判決でもかまわないし、また、判決理由中の判断から申請人の所有権が確認できるケースでもかまいません。

つまり、所有権を有することが判決によって確認されるのであれば何でもかまいません。

そこで、本事例を見ると、乙が持っている判決の主文には、「甲は所有権移転登記手続をせよ」と書いてあります。

この記載からも、乙の所有権を確認することが可能です。

なぜなら、所有者でない者に対して裁判所が所有権移転登記手続をせよという判決を書くわけがないからです。

なお、本事例においては、以下の2つの登記申請をすることも可能です。

1/2

登記の目的	所有権保存
所有者	(被代位者) 甲
代位者	乙
代位原因	令和何年何月何日売買の所有権移転登記請求権
添付書類	住所を証する情報　代位原因を証する情報 代理権限を証する情報
登録免許税	不動産価額の4/1000

2/2

登記の目的	所有権移転
原　因	令和何年何月何日売買
権利者	（申請人）乙
義務者	甲
添付書類	登記原因証明情報＊　住所を証する情報 代理権限を証する情報
登録免許税	不動産価額の20／1000

＊登記原因証明情報は判決書の正本（確定証明書付）

参考○表題部所有者からの特定承継人

不動産登記法74条２項が適用されない場合、つまり区分建物以外の不動産において、表題部所有者から不動産を買い受けたという者がいたとします。

この者が、判決によらずに、所有権の登記を受ける場合には、必ず、所有権保存登記と所有権移転登記の２つの登記を申請することが必要です。

第3節 一括申請

本節では、一括申請の可否について例題を挙げます。

いずれも、一括申請が可能であれば、これを行うという前提でご解答ください。

事例72

以下の事例において、いかなる登記を申請すべきか。

（A不動産）

甲区	2番	所有権移転	令和4年受付	所有者	甲
乙区	1番	根抵当権設定	令和5年受付	極度額	金5000万円
				債権の範囲	A取引
				債務者	甲
				根抵当権者	X
	2番	抵当権設定	令和5年受付	抵当権者	Y

令和6年7月15日関係当事者一同で1番根抵当権について以下の合意をした。

① 極度額を6000万円に増額

② 債権の範囲をB取引に変更

③ 債務者を乙に変更

答え 以下の登記を申請します。

1/1

登記の目的	１番根抵当権変更
原　因	令和６年７月15日変更
変更後の事項	極度額　金6000万円
	債権の範囲　Ｂ取引
	債務者　乙
権利者	Ｘ
義務者	甲
添付書類	登記原因証明情報
	登記識別情報
	印鑑証明書　承諾を証する情報*
	代理権限を証する情報
登録免許税	金41000円

＊承諾を証する情報は後順位抵当権者のＹのもの

本事例の急所は、登録免許税の考え方です。

極度額の増加分が、増加した金1000万円×4/1000。

債権の範囲の変更と債務者の変更は、併せて変更登記分の金1000円（不動産１個について）となり、これを合計します。

事例73

以下の事例において、いかなる登記を申請すべきか。

（A不動産）

甲区	2番	所有権移転	令和4年受付	所有者	甲
乙区	1番	根抵当権設定	令和5年受付	極度額	金5000万円
				債権の範囲	A取引
				債務者	甲
				根抵当権者	X
	2番	抵当権設定	令和5年受付	抵当権者	Y

1．令和6年7月15日、Xと甲が1番根抵当権について以下の合意をした。

① 極度額を6000万円に増額

② 債権の範囲をB取引に変更

③ 債務者を乙に変更

2．翌日Yが上記変更について承諾をした。

答え **以下の2つの登記を申請します。（1/2と2/2の順序はどちらが先でもよいです。）**

1/2

登記の目的	1番根抵当権変更
原　因	令和6年7月15日変更
変更後の事項	債権の範囲　B取引
	債務者　乙
権利者	X
義務者	甲
添付書類	登記原因証明情報
	登記識別情報
	印鑑証明書　代理権限を証する情報

登録免許税	金1000円

2/2

登記の目的	１番根抵当権変更
原　因	令和６年７月16日変更
変更後の事項	極度額　金6000万円
権利者	X
義務者	甲
添付書類	登記原因証明情報 登記識別情報 印鑑証明書　承諾を証する情報* 代理権限を証する情報
登録免許税	金４万円 （増加した極度額1000万円×４/1000）

＊承諾を証する情報は、後順位抵当権者であるＹのもの

本事例は、２件の登記の申請を必要とします。

極度額の増額については、登記原因日付が後順位抵当権者であるＹの承諾があった日となり、他の登記とは原因日付が異なるため一括申請をすることができません。

●参考先例●　昭46.12.27-960

根抵当権の債権の範囲の変更登記は、原則として根抵当権者が登記権利者となるが、変更により債権の範囲が縮減することが形式的にあきらかな場合には、設定者が登記権利者となる。

事例 74

以下の事例において、いかなる登記を申請すべきか。

(A不動産)

甲区	2番	所有権移転	令和4年受付	所有者	甲
乙区	1番	根抵当権設定	令和5年受付	極度額	金5000万円
				債権の範囲	A取引
				債務者	甲
				根抵当権者	X

1．令和6年7月15日、根抵当権者Xは極度額のうち金3000万円をYに、金2000万円をZに譲渡した。譲渡についての甲の承諾は同日なされた。

答え 以下の2つの登記を申請します。

1/2

登記の目的　1番根抵当権分割譲渡
原　因　令和6年7月15日分割譲渡
(根抵当権の表示)
年月日受付第○号
原　因　年月日設定
極度額　金3000万円
(分割後の原根抵当権の極度額　金2000万円)
債権の範囲　A取引
債務者　甲
権利者　Y
義務者　X
添付書類　登記原因証明情報
登記識別情報
承諾を証する情報　代理権限を証する情報

登録免許税	金６万円 （分割する極度額3000万円×２/1000）

2/2

登記の目的	１番（あ）根抵当権移転
原　因	令和６年７月15日譲渡
権利者	Z
義務者	X
添付書類	登記原因証明情報 登記識別情報 承諾を証する情報　代理権限を証する情報
登録免許税	金４万円（極度額2000万円×２/1000）

前記は、Ｙへの分割譲渡を先に申請しましたが、Ｚへの分割譲渡が先でもかまいません。

いずれにしても、本事例においては、登記申請を２件することが必要です。

１つの根抵当権を２つに分けてそれを別の第三者に譲渡をする方法は、ほかにもあります。

たとえば、最初にXがYに根抵当権を全部譲渡します。

その後に、Yが根抵当権をZに分割譲渡をする方法です。

しかし、この方法は、上記の解答例の場合に比べて、あきらかに登録免許税が高額となります。

事例75

以下の事例において、いかなる登記を申請すべきか。

（A不動産）

甲区	2番	所有権移転	令和4年受付	所有者	甲
乙区	1番	根抵当権設定	令和5年受付	極度額	金5000万円
				債権の範囲	A取引
				債務者	甲
				根抵当権者	XY

1．令和6年7月15日、1番根抵当権を分割し、根抵当権者Xは極度額金3000万円、根抵当権者Yは極度額金2000万円の根抵当権とする合意が成立した。

2．甲は同日上記の契約について承諾をした。

3．登録免許税はなるべく安くすること。

答え **以下の2つの登記を申請します。**

1/2

登記の目的	1番根抵当権分割譲渡
原　因	令和6年7月15日分割譲渡
（根抵当権の表示）	
年月日受付第〇号	
原　因	年月日設定
極度額	金2000万円 （分割後の原根抵当権の極度額　金3000万円）
債権の範囲	A取引
債務者	甲
権利者	Y
義務者	XY
添付書類	登記原因証明情報

	登記識別情報
	承諾を証する情報　代理権限を証する情報
登録免許税	金４万円
	（分割する極度額2000万円×２/1000）

2/2

登記の目的	１番（あ）根抵当権の共有者Ｙの権利移転
原　因	令和６年７月15日放棄
権利者	Ｘ
義務者	Ｙ
添付書類	登記原因証明情報
	登記識別情報
	代理権限を証する情報
登録免許税	金３万円（極度額3000万円×１/２×２/1000）

2/2の登記、すなわち、共有者の権利の放棄においては、設定者の承諾は要しません。

上記の登記は、当初存在したＸＹ共有の根抵当権をＹに分割譲渡し（これが１番(い)根抵当権となる)、その後に原根抵当権（１番(あ)）について共有者Ｙの権利を放棄してＸ単有の根抵当権としています。

この結果、１番(あ)根抵当権者がＸ、１番(い)根抵当権者がＹとなります。

【本事例の権利変動】

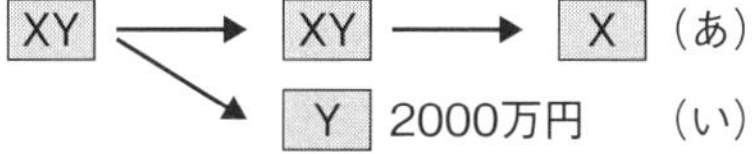

このほかに、登記の方式としては、以下の方式があります。

第４章 その他の諸問題

1．１件目　Ｘに対して分割譲渡　登録免許税　金６万円

２件目　原根抵当権についてＸが権利放棄　登録免許税　金２万円

合計８万円

【本事例の権利変動】

XY → XY → Y （あ）

XY → X 3000万円 （い）

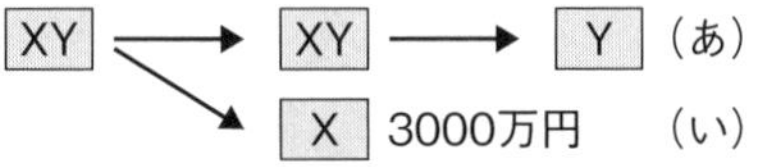

2．１件目　原根抵当権についてＹが権利放棄　登録免許税　金５万円

２件目　Ｙに2000万円を分割譲渡　登録免許税　金４万円

合計９万円

【本事例の権利変動】

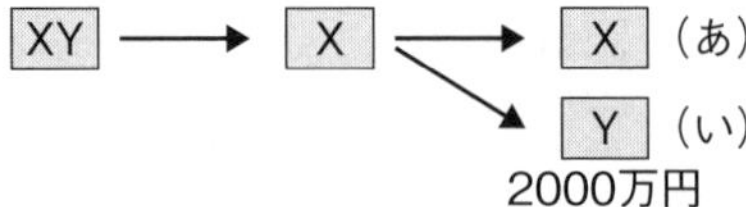

3．１件目　原根抵当権についてＸが権利放棄　登録免許税　金５万円

２件目　Ｘに3000万円を分割譲渡　登録免許税　金６万円

合計金11万円

【本事例の権利変動】

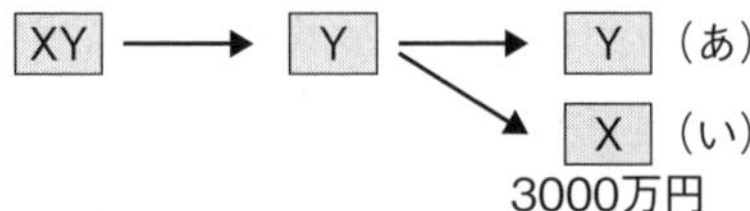

参考○根抵当権の分割譲渡後の問題点

根抵当権の分割譲渡後に、その片方の極度額を増額変更する場合には、他方の根抵当権者の承諾を証する情報の提供を要することをお忘れなく。

分割譲渡をした原根抵当権と、分割譲渡後の根抵当権は同順位ですから、利害関係が生じることになります。

事例 76

以下の事例において、いかなる登記を申請すべきか。

（A不動産）

甲区	2番	所有権移転	令和3年受付	所有者　甲
	3番	所有権一部移転	令和4年受付	持分2分の1　乙
	4番	甲持分全部移転	令和6年受付	持分2分の1　乙
乙区	1番	甲持分根抵当権設定	令和5年受付	根抵当権者　X

1．令和6年7月15日乙は丙にA不動産を売却した。

答え 以下の2つの登記を申請します。

1/2

登記の目的	所有権一部（順位3番で登記した持分）移転
原　因	令和6年7月15日売買
権利者	持分2分の1　丙
義務者	乙
添付書類	登記原因証明情報
	登記識別情報
	印鑑証明書　住所を証する情報
	代理権限を証する情報
登録免許税	不動産価額×20/1000×1/2

2/2

登記の目的	乙持分全部移転
原　因	令和6年7月15日売買
権利者	持分2分の1　丙
義務者	乙
添付書類	登記原因証明情報
	登記識別情報

印鑑証明書　住所を証する情報 代理権限を証する情報 登録免許税　不動産価額の1/2の20/1000

登記の順序については、「所有権一部（順位4番で登記した持分）移転」登記を先に申請し、「乙持分全部移転」登記を後にしてもかまいません。

本事例では、乙が甲区3番と4番で2回に分けて所有権を取得しています。

そのうち、4番で取得した持分についてだけXの根抵当権の負担があるのです。

そのため、本件登記を所有権移転登記として申請することができません。

なお、本件登記申請後の登記簿の記録例は以下のとおりです。

A不動産

権　利　部（甲区）（所有権の権利に関する事項）			
順位番号	登記の目的	受付年月日・受付番号	権利者その他の事項
2	所有権移転	令和3年○月○日	所有者　甲
3	所有権一部移転	令和4年○月○日	持分2分の1　乙
4	甲持分全部移転	令和6年○月○日	持分2分の1　乙
5	所有権一部（順位3番で登記）した持分移転	令和6年○月○日	持分2分の1　丙
6	乙持分全部移転	令和6年○月○日	持分2分の1　丙

権　利　部（乙区）（所有権以外の権利に関する事項）			
順位番号	登記の目的	受付年月日・受付番号	権利者その他の事項
1	甲持分根抵当権設定	令和5年○月○日	根抵当権者　X

この登記簿の記載から、Xの根抵当権は、甲区6番の登記を目的としていることが公示されることになります。

事例77

次の事例において、いかなる登記を申請すべきか。

(A不動産)

甲区　2番　所有権移転　令和4年受付　所有者　X市X町1番地　甲

(B不動産)

甲区　4番　所有権移転　令和4年受付　共有者

持分2分の1　X市X町1番地　甲

2分の1　何市何町何番地　乙

1. 令和6年10月1日に、甲が「X市X町3番地」に住所を移転した。

答え 以下の登記を申請します。

登記の目的	所有権登記名義人住所変更
原因	令和6年10月1日住所移転
変更後の事項	所有者及び共有者甲の住所 X市X町3番地
申請人	甲
添付情報	登記原因証明情報 代理権限を証する情報
登録免許税	金2000円

同一の登記所の管轄区域内にある一又は二以上の不動産について申請する二以上の登記が、いずれも同一の登記名義人の氏名若しくは名称又は住所についての変更の登記又は更正の登記であるとき（不動産登記規則35条8号）にあたるので一括申請できます。

事例78

次の事例において、いかなる登記を申請すべきか。
(A不動産)
甲区　2番　所有権一部移転　令和4年受付　共有者
　　　　　　　　　　　　　　持分　2分の1　X市X町1番地　甲
　　　3番　X持分全部移転　令和5年受付　所有者
　　　　　　　　　　　　　　持分　2分の1　X市X町1番地　甲
1．令和6年10月1日に、甲が「X市X町3番地」に住所を移転した。

答え　以下の登記を申請します。

登記の目的	2番、3番登記名義人住所変更
原因	令和6年10月1日住所移転
変更後の事項	住所　X市X町3番地
申請人	甲
添付情報	登記原因証明情報
	代理権限を証する情報
登録免許税	金1000円

＊登記の目的を「2番、3番所有権登記名義人住所変更」としてもかまいません。

事例79

次の事例において、いかなる登記を申請すべきか。
（A不動産）
甲区　２番　所有権移転　令和４年受付　共有者　持分
２分の１　X市X町１番地　甲
２分の１　X市X町１番地　乙

1．令和６年10月１日に、甲及び乙が「X市X町３番地」に住所を移転した。

答え **以下の登記を申請します。**

登記の目的	２番所有権登記名義人住所変更
原因	令和６年10月１日住所移転
変更後の事項	共有者甲及び乙の住所 X市X町３番地
申請人	甲 乙
添付情報	登記原因証明情報 代理権限を証する情報
登録免許税	金1000円

共有者が同時に住所を移転したときは、上記のカタチで、住所変更登記の一括申請をすることができます。

第4節 その他の諸問題

事例 80

以下の事例において、いかなる登記を申請すべきか。

甲区	2番	所有権移転	令和4年受付	所有者	甲
乙区	1番	地上権設定	令和5年受付	地上権者	乙
	2番	抵当権設定	令和6年受付	債務者	乙
				抵当権者	丙

1．令和6年7月15日、甲は乙に本件不動産を売却した。
2．翌日、乙は丙に対して2番抵当権の被担保債権全額を支払った。
3．令和6年7月20日、甲は死亡した。相続人は丙である。

答え **以下の3つの登記を申請すべきです。**

1/3

登記の目的	所有権移転
原　因	令和6年7月15日売買
権利者	乙
義務者	亡甲相続人　丙
添付書類	登記原因証明情報 登記識別情報 印鑑証明書　住所を証する情報 相続を証する情報　代理権限を証する情報
登録免許税	不動産価額×20/1000×1/2 (登録免許税法第17条第4項)

2/3

登記の目的	2番抵当権抹消
原　因	令和6年7月16日弁済

権利者	乙
義務者	丙
添付書類	登記原因証明情報
	登記識別情報
	代理権限を証する情報
登録免許税	金1000円（不動産１個について）

3/3

登記の目的	１番地上権抹消
原　因	令和６年７月16日混同
権利者兼義務者	乙
添付書類	登記識別情報
	代理権限を証する情報
登録免許税	金1000円（不動産１個について）

本事例での急所は、**1/3の登録免許税の計算**です。

記述式の試験で、地上権が登場した場合に、まず注意すべきは、地上権者が所有権を取得した場合には、登録免許税法17条４項の規定によって、税率が通常の所有権移転登記の場合に比べて半分となるという点です。

同様のことは、所有権の仮登記名義人が、仮登記の本登記手続をする場合にも生じます。

この場合にも税率が通常の所有権移転登記の場合に比べて半分となります。

登録免許税法17条１項が根拠条文です。

事例81

以下の事例において、いかなる登記を申請すべきか。

甲区　2番　所有権移転　令和3年受付　共有者 持分2分の1 甲
2分の1 乙
2番付　2番所有権登記名義人氏名変更　令和4年受付
記1号　原因　令和5年6月15日相続人不存在
共有者亡乙登記名義人　亡乙相続財産

1. 亡乙について特別縁故者の不存在が確定した。確定日は考えられる日付のうち最も早い日であった。
2. 添付書類のうち、代理権限を証する情報については誰のいかなる書面であるかの特定記載を要する。

答え 以下の登記を申請します。

1/1

登記の目的	亡乙相続財産持分全部移転
原　因	令和6年3月16日特別縁故者不存在確定
権利者	持分2分の1　甲
義務者	亡乙相続財産
添付書類	登記原因証明情報 登記識別情報 印鑑証明書　住所を証する情報 代理権限を証する情報（甲の委任状、亡乙相続財産清算人の選任審判書とその者からの委任状）
登録免許税	不動産価額の1/2×20/1000

この登記の原因日付は、相続開始の日から9か月経過の翌日以降であることを要します。

民法の規定上、相続人の不存在が確定し、かつ、特別縁故者の不存在が確定するまでには、最低でも**相続開始から９か月の経過を要するから**です。

なお、相続開始日は、甲区２番付記１号の２番所有権登記名義人氏名変更登記の登記記録から判明します。令和５年６月15日相続人不存在と登記された、この日が、乙の死亡の日です。

本事例の登記を司法書士が申請代理をするのは、相続人不存在という状況で死亡した人物が、たまたま、ある不動産の共有持分を持っていたというケースに限られます。

もし、死亡者が不動産の所有権者であれば、特別縁故者の不存在が確定した段階で、不動産の所有権は国庫に帰属することになるからです。

事例82

以下の事例において、いかなる登記を申請すべきか。

乙区	1番	抵当権設定	令和４年受付	抵当権者	X
	2番	抵当権設定	令和５年受付	抵当権者	Y
	3番	賃借権設定	令和６年受付	賃借権者	Z

1．令和6年7月15日、ＸＹＺ間において、Ｚの賃借権を、1番抵当権および2番抵当権の先順位とする合意をした。

答え 以下の登記を申請します。

1/1

登記の目的	3番賃借権の1番抵当権、2番抵当権に優先する同意
原　因	令和6年7月15日同意
権利者	Z
義務者	XY
添付書類	登記原因証明情報 登記識別情報（または登記済証） 代理権限を証する情報
登録免許税	金3000円（不動産1個について）

以下に注意事項を挙げます。

1．登録免許税の考え方は、賃借権および抵当権の件数1件について金1000円。

2．賃借権に優先する抵当権者の全員の同意を要する。先順位の抵当権者のうち、一部の者との合意を登記することはできない。

3．抵当権について権利を有する者その他抵当権者の同意によって不利益を受ける者の承諾を要する。

→この承諾書は民法387条2項が根拠条文であり、いわゆる登記原因についての第三者の許可等を証する情報という位置づけとなる。

事例83

以下の事例において、いかなる登記を申請すべきか。なお、申請件数はなるべく少なくすること。

1. A不動産の登記簿の表題部に甲が所有者として登記されている。(権利部には登記記録はない)
2. 甲が死亡した。相続人は子の乙および丙である。
3. 令和6年7月15日、乙は相続により取得したA不動産の持分をXに売却した。
4. その後、乙が死亡した。相続人は丁のみである。
5. 続いて丙が死亡した。相続人は戊のみである。

答え **以下の2つの登記を申請します。**

1/2

登記の目的	所有権保存
所有者	持分2分の1　亡乙 　　　　　　　上記相続人　丁 　　　2分の1　戊
添付書類	住所を証する情報　相続を証する情報 代理権限を証する情報
登録免許税	不動産価額の4/1000

2/2

登記の目的	乙持分全部移転
原　因	令和6年7月15日売買
権利者	持分2分の1　X
義務者	亡乙相続人　丁
添付書類	登記原因証明情報 登記識別情報 印鑑証明書　住所を証する情報

	相続を証する情報　代理権限を証する情報
登録免許税	不動産価額の1/2の20/1000

本事例においては、乙の相続人である丁は不動産の所有権を取得しません。

被相続人の乙が生前に持分をXに譲渡しているからです。

したがって、１件目の所有権保存登記においては、亡乙名義で共有持分を登記します。

これに対して、丙の相続人である戊はこの不動産の共有持分を取得しています。

所有権保存登記においては、数次相続の場合であっても最終の権利者に登記をすることができますから、戊を登記名義人とすることになります。

事項索引

あ行

か行

さ行

た行

な行

は行

ま行

条文索引

民法

不動産登記法

不動産登記令

不動産登記規則

MEMO

司法書士

みるみるわかる！　不動産登記法〈第11版〉

2010年５月20日　初　版　第１刷発行
2024年１月25日　第11版　第１刷発行

著　　者　山　本　浩　司
発 行 者　猪　野　　樹
発 行 所　株式会社　早稲田経営出版
〒101-0061 東京都千代田区神田三崎町3-1-5
神田三崎町ビル
電 話 03(5276)9492（営業）
FAX 03(5276)9027
印　　刷　株式会社　ワ　コ　ー
製　　本　株式会社　常　川　製　本

ISBN 978-4-8471-5139-2
N.D.C. 327

書籍の正誤に関するご確認とお問合せについて

書籍の記載内容に誤りではないかと思われる箇所がございましたら、以下の手順にてご確認とお問合せをしてくださいますよう、お願い申し上げます。
なお、正誤のお問合せ以外の**書籍内容に関する解説および受験指導などは、一切行っておりません。**
そのようなお問合せにつきましては、お答えいたしかねますので、あらかじめご了承ください。

1 「Cyber Book Store」にて正誤表を確認する

早稲田経営出版刊行書籍の販売代行を行っている
TAC出版書籍販売サイト「Cyber Book Store」の
トップページ内「正誤表」コーナーにて、正誤表をご確認ください。

CYBER BOOK STORE TAC出版書籍販売サイト

URL:https://bookstore.tac-school.co.jp/

2 1の正誤表がない、あるいは正誤表に該当箇所の記載がない ⇒ 下記①、②のどちらかの方法で文書にて問合せをする

★ご注意ください★

お電話でのお問合せは、お受けいたしません。
①、②のどちらの方法でも、お問合せの際には、「お名前」とともに、
「対象の書籍名(○級・第○回対策も含む)およびその版数(第○版・○○年度版など)」
「お問合せ該当箇所の頁数と行数」
「誤りと思われる記載」
「正しいとお考えになる記載とその根拠」
を明記してください。
なお、回答までに1週間前後を要する場合もございます。あらかじめご了承ください。

① ウェブページ「Cyber Book Store」内の「お問合せフォーム」より問合せをする

【お問合せフォームアドレス】

https://bookstore.tac-school.co.jp/inquiry/

② メールにより問合せをする

【メール宛先　早稲田経営出版】

sbook@wasedakeiei.co.jp

※土日祝日はお問合せ対応をおこなっておりません。
※正誤のお問合せ対応は、該当書籍の改訂版刊行月末日までといたします。

乱丁・落丁による交換は、該当書籍の改訂版刊行月末日までといたします。なお、書籍の在庫状況等により、お受けできない場合もございます。
また、各種本試験の実施の延期、中止を理由とした本書の返品はお受けいたしません。返金もいたしかねますので、あらかじめご了承くださいますようお願い申し上げます。

早稲田経営出版における個人情報の取り扱いについて
■お預かりした個人情報は、共同利用させていただいているTAC(株)で管理し、お問合せへの対応、当社の記録保管にのみ利用いたします。お客様の同意なしに業務委託先以外の第三者に開示、提供することはございません(法令等により開示を求められた場合を除く)。その他、共同利用に関する事項等については当社ホームページ(http://www.waseda-mp.com)をご覧ください。

(2022年7月現在)